THE PURPOSE DRIVEN®
Curriculum

목적이 이끄는 양육

201과정

인도자용

Originally published in the U.S.A. by PurposeDriven Inc.
under the title *C.L.A.S.S.201:Leader's Guide-Discovering Spiritual Maturity*
Copyright © by Rick Warren
All rights reserved.

Korean translation copyright © 2010 by DMI Press

본 저작물의 한국어판 저작권은 PurposeDriven과 독점 계약한 국제제자훈련원에 있습니다.
신 저작권법에 의하여 한국 내에서 보호받는 저작물이므로 무단 전재 및 복제를 금합니다.

목적이 이끄는 양육 | 201과정 인도자용 |

개정판 1쇄 발행 2010년 10월 15일
개정판 3쇄 발행 2022년 8월 1일

지은이 릭 워렌
엮은이 국제제자훈련원

펴낸이 오정현
펴낸곳 국제제자훈련원
등록번호 제2013-000170호(2013년 9월 25일)
주소 서울시 서초구 효령로68길 98(서초동)
전화 02) 3489-4300 **팩스** 02) 3489-4329
이메일 dmipress@sarang.org

ISBN 978-89-5731-502-6 04230
978-89-5731-500-2 04230(세트)

※ 책값은 뒤표지에 있습니다. 잘못된 책은 구입하신 곳에서 교환해드립니다.

본서에 게재한 『성경전서 개역개정판』, 『성경전서 표준새번역』, 『성경전서 새번역』의 저작권은 재단법인 대한성서공회,
『현대인의성경』의 저작권은 생명의말씀사의 소유로 허락을 받고 사용하였습니다.

❙ 국제제자훈련원은 건강한 교회를 꿈꾸는 목회의 동반자로서 제자 삼는 사역을 중심으로
성경적 목회 모델을 제시함으로 세계 교회를 섬기는 전문 사역 기관입니다.

THE PURPOSE DRIVEN®
Curriculum

목적이 이끄는 양육

201과정

인도자용

국제제자훈련원

차례

서문	• 6
교재의 구성	• 10
교재의 진행	• 11
201과정의 개요	• 20

제 1 장 – 첫 번째 습관 : 교제 • 37
   Ⅰ. 성도의 교제가 왜 중요합니까?
   Ⅱ. 어떻게 하면 지체들이 서로 가까운 관계로
      지낼 수 있습니까?
   Ⅲ. 소그룹의 목적은 무엇입니까?(행 2:42-47)

제 2 장 – 두 번째 습관 : 헌금 • 53
   Ⅰ. 하나님께서는 왜 헌금을 원하십니까?
   Ⅱ. 성경은 십일조에 대해 어떻게 가르칩니까?

제 3 장 – 세 번째 습관 : 경건의 시간 • 75
   Ⅰ. 매일 경건의 시간을 갖는 습관
   Ⅱ. 제 1 부 : 기도 – 하나님과의 대화
   Ⅲ. 제 2 부 : 성경말씀을 붙잡는 방법
   Ⅳ. 매일 경건의 시간을 갖는 방법

새로운 습관을 어떻게 시작하고 유지할 수 있을까?	• 163
나의 성숙 서약	• 168
201과정 초청편지	• 171

서문

새들백 교회에서는 수많은 사람들이 〈목적이 이끄는 양육〉 과정을 통해서 그들의 삶을 주님께 헌신해 왔다. 이 네 과정은 새들백 교회의 목적이 이끄는 사역 전략의 핵심 프로그램이다. 각 과정은 분명한 목적을 가지고 운영되며, 각각 다른 수준의 사람들이 그들의 영적 성장을 이루는 일에 집중한다.

새들백 교회는 수년 동안 이 과정을 진행하면서 효과적으로 인도하는 세 가지 방법을 습득했다. 각 교회마다 상황이 다르기 때문에 일반화하기는 힘들겠지만, 여러분이 섬기는 교회에서 〈목적이 이끄는 양육〉을 도입할 때 고려해 보기 바란다.

가능하다면 네 가지 과정을 동시에 운영하라. 많으면 많을수록 더 큰 힘을 발휘하게 된다. 각각 다른 주에 네 가지 과정을 따로 운영하는 것보다는 같은 날에 과정을 개설하는 것이 더욱 좋다. 그래서 새들백 교회는 한 달에 한 번 동시에 모든 과정을 개설한다. 어떤 교회는 101과정은 매달 운영하지만, 다른 과정들은 몇 달에 한 번 운영하는 것을 보았다. 그러나 동시에 네 가지 과정을 운영해 보는 것을 추천한다. 네 가지 과정을 동시에 운영하면 사람들에게는 더 많은 선택권이 생긴다. 예를 들어, 부인은 101과정을 끝냈는데 남편은 끝내지 못할 수도 있다. 그러면 부인은 201과정에 참여하면 되고 남편은 101과정으로 가면 된다. 게다가 행정적인 일과 간식비용도 줄일 수 있다.

가능한 자주 개설하도록 하라. 우리는 보통 몇 개월의 기간을 두어서 각 과정에 더 많은 사람들이 참여하도록 한다. 하지만 오히려 이 과정을 자주 하면 할수록 더 많은 사람들이 참석할 것이다. 이 양육과정을 자주 운영한다는 것은 사람들에게 더 많은 선택권을 준다는 뜻이다. 자주 열지 않으면 사람들은 더욱 참석하지 않게 된다.

각각의 과정을 4시간 세미나로 운영하라. 많은 교회들이 주일에 이 과정을 운영하는 것으로 알고 있다. 보통 3주에서 4주 프로그램으로 운영할 것이다. 이렇게 하면 분명 여러 가지 이점이 있다. 4주 이상 관계를 지속할 수도 있고, 충분히 시간을 가지고 강의를 할 수 있다.

그런데 이렇게 순차적으로 〈목적이 이끄는 양육〉 과정을 운영하다 보면 몇 가지 문제가 발생되기도 한다. 이 과정이 진행되는 동안 새로운 사람이 오게 되면 그 사람은 놓친 주간의 내용을 알고 싶어 할 것이다. 사실 그 내용을 알아야만 한다. 하지만 내용을 모르기 때문에 과정에 참여하기가 어려워진다. 게다가 한 번 결석을 했기 때문에 과정을 수료하지 못하고 다음 차례가 돌아올 때까지 기다려야 한다.

하지만 하루에 모든 과정을 동시에 운영하게 되면 일단 이 과정을 시작한 사람 대부분이 끝을 맺을 수 있게 된다. 사실 단 몇 시간 만에 사람들이 성장하는 데 필요한 모든 정보를 제공할 수는 없다. 그러나 사람들이 헌신할 수 있게 도와줄 수는 있다. 어떤 형태로든지 이 과정의 모든 내용을 공부하게 되면 하나님께서 그들과 교회를 통해서 이루길 원하시는 비전을 발견하기 시작할 것이다.

〈목적이 이끄는 양육〉은 사람들을 영적으로 성장시킬 수 있는 훌륭한 도구다. 사람들한테 정보를 주기 때문이 아니라, 그들에게 영적인 변화를 일으킬 수 있는 헌신을 이끌어 내기 때문이다. 지금까지 내가 나눈 이야기는 단지 새들백 교회의 예에 지나지 않는다. 여러분의 교회에서 어떻게 이 과정을 인도하든지 간에, 이 프로그램을 통해서 많은 사람들의 삶이 변화되고 헌신의 자리로 나아가게 될 것이다.

톰 할러데이 Tom Holladay _새들백 교회 교육목사

목적이 이끄는 양육을 한국 교회에 소개합니다

영적으로 성숙한 교회는 교회를 섬기는 모든 사역자들의 소망일 것이다. 〈목적이 이끄는 양육〉은 바로 이런 소망을 이루기 위해 마련되었다. 본 교재는 릭 워렌이 집필한 새들백 교회의 C.L.A.S.S.(Christian Life And Service Seminars)라는 커리큘럼을 한국화한 것이다. 건강한 교회론을 바탕으로 성도들의 영적 수준에 따라 다음 단계로 성장하도록 돕기 위해 쉽고 체계적으로 구성되었다.

본 교재는 야구장 모형을 따라 전체가 네 과정으로 구성되었다. 교회 입문과정인 101과정은 '가족으로서의 교회'에 대해 다룬다. 201과정에서는 '성장하는 곳으로서의 교회'에 대해 다룬다. 301과정에서는 '사역의 한 팀으로서의 교회'를 이야기한다. 그리고 401과정에서는 '군대로서의 교회'를 다룬다. 한 성도가 지역 교회의 가족이 되고, 본 교재의 과정을 따라 착실하게 배우고, 서약한 대로 실천하는 삶을 산다면, 성도들은 하나님 나라의 군대로 변화될 것이다.

새들백 교회가 강조하는 것은 교회의 건강성이다. 교회가 병들지 않고 건강하면 교회는 성장하게 된다는 것이다. 교회의 건강성을 확보하는 비결은 성경에서 말하는 목적들이 균형 있게 성취되는 것이다. 릭 워렌이 말하는 '목적이 이끄는 교회'는 예배, 교제, 훈련, 사역, 그리고 전도라는 다섯 가지 목적이 균형을 이루는 교회다. 〈목적이 이끄는 양육〉은 교회에 처음 출석하는 새신자부터 일반 성도들까지 이 다섯 가지 목적이 균형을 이루는 건강한 그리스도인으로 성장할 수 있도록 도와줄 것이다.

교회마다 각각의 다른 전략과 스타일을 가지고 있다. 어떠한 교회도 모든 사람의 흥미를 끌 수는 없다. 모든 사람들을 애청자로 만드는 라디오 방송이 없는 것처럼, 모든 사람에게 매력을 끌 만한 교회는 없다. 사람들이 서로 다르기 때문이다. 사람들은 각기 다른 필요와 다른 개성을 가지고 있다.

    이 교재를 통해 각각의 성도들은 하나님의 강한 군대로 세워지는 한국 교회가 되기를 바란다. 본 교재를 토대로 보다 한국적인 상황에 맞는 자료들이 개발되고 본 교재를 다양한 형태로 활용할 수 있기를 바란다. 새들백 교회가 각 과정을 4시간의 세미나로 운영하고 있지만 이 원칙을 그대로 따를 필요는 없다. 어떤 교회는 시간을 나눠서 4주 동안의 프로그램으로 운영할 수도 있다. 각 교회의 상황을 가장 잘 아는 사람은 바로 당신이다. 각각의 지역 교회의 상황과 문화에 따라 효과적으로 변형해서 사용하기를 바란다.

    이제 101과정을 시작하는 성도가 401과정을 마무리할 때에는 하나님 나라의 군사가 될 것이다. 아무쪼록 그들의 삶의 영적 전투에서 승리했다는 소식이 곧 들려오길 소망해 본다.

    "병사로 복무하는 자는 자기 생활에 얽매이는 자가 하나도 없나니 이는 병사로 모집한 자를 기쁘게 하려 함이라"(딤후 2:4).

국제제자훈련원

교재의 구성

강의안은 최대한 쉽게 가르칠 수 있도록 만들어졌다. 각 단락마다 어떻게 가르쳐야 할지 안내해 주는 상세한 강의 노트가 들어 있다. 강의 노트는 강의 현장과 같은 느낌을 경험할 수 있도록 릭 워렌과 새들백 교회 전문 강사들의 강의를 녹취해서 만든 것이다. 인도자는 이 강의 노트를 참고해서 인도하는 목회자와 교회의 스타일에 맞게 변형해서 사용해야 할 것이다.

1. 특별한 경우를 제외하고 이 교재의 모든 성경은 '개역개정'판을 사용했다.
2. 각 장이 시작될 때 그 장의 개요를 첨가해서 큰 그림을 그릴 수 있게 했다.
3. 새들백 교회 전문 강사들의 예화를 별도로 표시했다.
4. 새들백 교회에서 발간된 다른 자료를 사용할 수 있도록 '참고사항'을 첨가했다.
5. 참가자용 교재와 번갈아 가며 볼 필요가 없도록, 참가자용 교재의 내용과 중복되는 부분은 굵은 글씨체(검정)로 표기했다. 인도자용 교재 한 권만 가지고도 인도할 수 있다.
6. 참가자용 교재의 빈칸에 들어갈 답 밑에 밑줄이 있다. 답을 써넣는 형식을 사용한 데는 두 가지 이유가 있다. 첫째, 배운 것을 오랫동안 기억할 수 있도록 하기 위해서다. 연구에 따르면, 우리는 들은 것의 95퍼센트를 72시간 후에 잊어버린다고 한다. 그러나 듣고 써 본 것은 72시간 후에도 70퍼센트를 기억한다고 한다. 둘째, 나중에 참가자들이 이 과정을 다시 찾아볼 때 쉽게 기억할 수 있도록 하기 위해서 밑줄을 이용했다.
7. '인도자를 위한 팁'을 첨부했다. 인도자용 교재는 수십 개의 조언이 여기저기 배치되어 있다. 이 조언들은 사람들을 가르치는 내용에 집중시키도록 도와줄 것이다.

교재의 진행

목적이 이끄는 양육은 모두 4권 14과로 구성되어 있다(101과정-4장, 201과정-3장, 301과정-4장, 401과정-3장). 각각의 과정은 하나님이 교회를 세우는 목적(예배, 교제, 훈련, 사역, 전도)에 초점이 맞춰져 있다. 우리는 이 네 가지 과정을 통해 성도들이 매일의 삶 속에서 하나님의 목적을 이루어가도록 도울 것이고, 성도들은 점진적으로 성숙한 성도로 자라게 될 것이다. 이 과정은 하루 과정(One Day 세미나) 혹은 14~16주 과정으로 진행할 수 있다. 다음 도표와 설명을 참고하라.

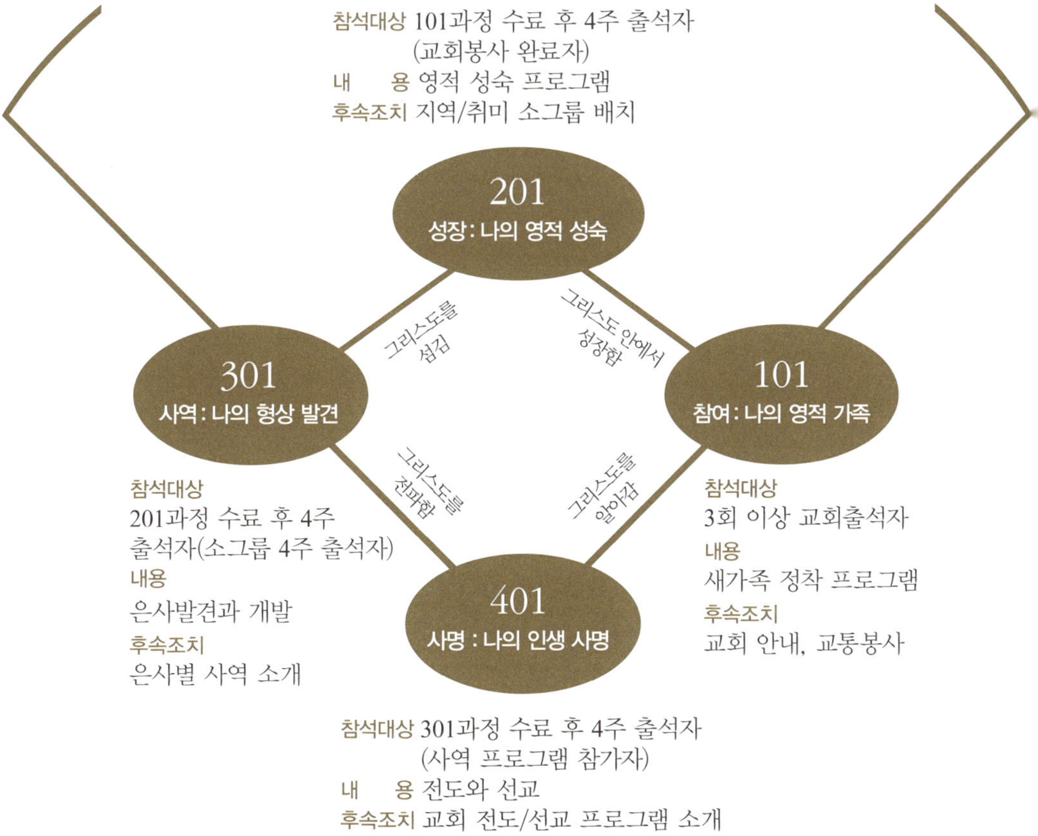

참석대상 101과정 수료 후 4주 출석자
(교회봉사 완료자)
내 용 영적 성숙 프로그램
후속조치 지역/취미 소그룹 배치

201
성장 : 나의 영적 성숙

그리스도를 섬김 / 그리스도 안에서 성장함

301
사역 : 나의 형상 발견

101
참여 : 나의 영적 가족

그리스도를 전파함 / 그리스도를 알아감

참석대상
201과정 수료 후 4주 출석자(소그룹 4주 출석자)
내용
은사발견과 개발
후속조치
은사별 사역 소개

401
사명 : 나의 인생 사명

참석대상
3회 이상 교회출석자
내용
새가족 정착 프로그램
후속조치
교회 안내, 교통봉사

참석대상 301과정 수료 후 4주 출석자
(사역 프로그램 참가자)
내 용 전도와 선교
후속조치 교회 전도/선교 프로그램 소개

(1) One Day 세미나

새들백 교회에서 진행되는 〈목적이 이끄는 양육〉 세미나는 하루 4시간 동안 이루어지는 1일 집중과정이다. 매달 정해진 주의 같은 시간에 개설해서 진행하는 것이다. 하지만 교회에 4가지 모든 과정을 동시에 인도할 수 있는 목회자(혹은 평신도 지도자)가 없다면, 각 과정을 따로 개설하여 운영하여야 할 것이다.

옵션 1 – (토요일 오후) 하나의 강의 개설

담임목회자가 전체 강의를 진행해야 할 경우 주일 오후에 4시간을 할애하기가 쉽지 않을 것이다. 이런 경우는 토요일 오후에 강의를 개설하는 것이 좋다. 그리고 필요한 강의를 하나씩 해 나가면서 부교역자나 사모 혹은 평신도 리더 중에서 함께 강의를 해 나갈 사람을 준비해야 할 것이다.

2:00 ~ 2:10 – 찬양
2:10 ~ 4:00 – 강의 1
4:00 ~ 4:10 – 휴식
4:10 ~ 6:00 – 강의 2
6:00 ~ 7:00 – 식사(만찬)

옵션 2 – (토요일/주일 오후) 전체 과정 개설

담임목회자와 함께 강의를 진행할 수 있는 강사와 장소가 충분하다면, 주일 오후에 전체 과정을 개설하는 것이 좋다.

12:00 ~ 1:00 – 식사
1:00 ~ 1:10 – 찬양
1:10 ~ 3:00 – 강의 1
3:00 ~ 3:10 – 휴식
3:10 ~ 5:00 – 강의 2

새들백 교회의 예

새들백 교회는 주일 오후 3시에 시작해서 오후 7시 30분까지 프로그램을 진행한다. 선택과정으로 개설되는 프로그램은 고정적으로 반복되지는 않는다. 필요와 상황에 따라서 다른 프로그램으로 진행되기도 한다. 아래는 그동안 진행했던 과정들이다.

과정	새들백 프로그램
102과정	Victory in Christ
103과정	Developing Your Personal Relationship with God
104과정	How to Spread the Good News to Others
105과정	How to Begin to Build Disciples
202과정	Knowing Your Bible
203과정	Learning to Pray
204과정	Developing Values and Character
205과정	Discovering Your Potential For Ministry
302과정	Your Life Review
402과정	My Community
403과정	Crossing Cultures
404과정	Global - Getting Started

(2) 14~16주 과정(한국 교회 접목의 예)

교회의 상황에 맞추어 각 과정의 분량에 맞추어 3주 혹은 4주에 나누어서 인도할 수도 있다. 그러나 3~4주에 나누어서 진행하는 경우에는 참가자들의 결석하는 문제가 있고, 1일 집중 세미나보다 그 효율이 떨어지는 약점이 있다.

한국 교회 실정에서 〈목적이 이끄는 양육〉과정을 기초 양육 프로그램으로 정착시키기 위해서는 다음과 같이 필수과정 혹은 선택과정으로 나누어 사용할 수 있을 것이다. 이론적으로는 필수 양육과정인 14주 강의를 수료하고 각 과정의 4주간의 실천기간을 수료하면, 30주 안에 교회에 정착할 뿐만 아니라 교회의 철학을 이해하고 일정 부분 교회의 사역에 참여하는 성도로 성숙될 수 있다.

교회의 상황에 따라서 101~401까지 필수과정을 수료한 성도들 중에서 소그룹 리더의 자질을 가진 사람이 발견된다면, 다른 양육과정을 거치지 않고, 초급 훈련프로그램(제자훈련)으로 갈 수 있는 길을 열어 줄 수도 있을 것이다.

필수과정	내용
101과정(4주) 나의 영적 가족	100단위 선택과정을 수강하기 위해서 꼭 수료해야 할 교인등록과정
선택과정	대체 가능 프로그램
102과정	새신자반
103과정	목적이 이끄는 40일 캠페인(매년 1~2회 상설과정)
104과정	목적이 이끄는 삶 소그룹 시리즈(40주)
105과정	구약·신약의 파노라마(디모데 성경연구원)

필수과정	내용
201과정 나의 영적 성숙	200단위 선택과정을 수강하기 위해서 꼭 수료해야 할 양육과정

201과정을 개설하기 전 교회 내의 소그룹 사역이 활성화 되어 있는지 점검할 필요가 있다. 소그룹 리더 개발을 위해서는 국제제자훈련원의 〈목적이 이끄는 소그룹〉세미나, 〈균형 잡힌 소그룹 지도자〉세미나를 활용할 수 있다.

선택과정	대체 가능 프로그램
202과정	성경대학(크로스웨이, 베델 등)
203과정	교리대학(목적이 이끄는 기독교 기본교리 등)
204과정	일대일 양육(두란노)

필수과정	내용
301과정 나의 형상 발견	300단위 선택과정을 수강하기 위해서 꼭 수료해야 할 양육과정

301과정을 개설하기 전 교회 내의 사역 소그룹이 활성화되어 있는지 점검할 필요가 있다. 사역개발을 위해서는 국제제자훈련원의 『볼런티어 리더십 시리즈』를 참고할 수 있다.

선택과정	대체 가능 프로그램
302과정	네트워크 은사배치(프리셉트)
303과정	전방향 리더십(국제제자훈련원)

필수과정	내용
401과정 나의 인생 사명	400단위 선택과정을 수강하기 위해서 꼭 수료해야 할 양육과정

401과정을 개설하기 전 교회 내의 전도 프로그램이 활성화 되어 있는지 점검할 필요가 있다. 〈목적이 이끄는 양육〉은 영혼 구원에 중점을 두고 집필된 교재다.

선택과정	대체 가능 프로그램
402과정	공동체를 세우는 40일 캠페인(PD Korea)
403과정	전도폭발(국제전도폭발)
404과정	해외단기선교

인도자를 위한 팁 | 효과적인 사역을 위해

1. 현재 리더들을 먼저 참여시켜라. 기성 교회에서 〈목적이 이끄는 양육〉 프로그램을 접목할 때, 먼저 101과정부터 401과정까지 기존의 평신도 소그룹 리더들이 적극적으로 참여할 수 있도록 해야 한다.

2. 〈목적이 이끄는 양육〉 사역은 담임목사와 평신도 지도자가 팀을 이루어 열매를 맺는 사역이 되어야 한다. 그러기 위해서는 모든 교역자와 평신도 지도자들이 함께 참여해서 같은 철학을 공유해야 한다. 과정을 개설하는 것 자체로 열매를 맺는 것이 아니다. 담임목사와 담당 사역자는 각 과정의 내용과 철학을 충분히 습득해야 한다. 국제제자훈련원에서 출간한 13주 과정의 교회와 비전 시리즈 『목적이 이끌어 가는 교회』를 참고하라.

3. 〈목적이 이끄는 40일 캠페인〉을 먼저 실시한 다음 〈목적이 이끄는 양육〉 프로그램을 접목하는 것이 효과적이다.

목적이 이끄는 양육을 위한 준비 과정

1. 이 사역을 위한 중보기도 사역자를 모집해서 운영하라.

2. 집중세미나를 하기 위해서는 무엇보다도 홍보가 중요하다. 이메일, 교회 홈페이지, 소책자, 소그룹, 설교 시간을 통해서 〈목적이 이끄는 양육〉 과정의 목적과 유익에 대해서 널리 알려야 한다.

3. 편지를 이용해서 개별적으로 광고하라. 101과정을 수료한 교우에게 201과정에 참석할 것을 권유한다. 〈201과정 초청편지〉의 예는 부록을 참고하라.

4. 참가자의 숫자에 맞는 적당한 공간을 준비하라. 너무 커서 썰렁하지 않도록 하라.

5. 강의 시간 전에 너무 풍성한 식사는 오히려 강의를 방해한다. 샌드위치 정도의 간단한 음식을 준비하라. 식사 시간도 20분 정도로 빨리 마칠 수 있도록 하라.

6. 테이블에 공부할 모든 자료를 준비하라. 교재, 펜, 후속자료 등과 함께 물과 피로를 회복할 수 있는 간단한 간식을 준비하라. 특별히 물을 충분하게 준비해야 한다. 오래 앉아 있으려면 미네랄이 필요하다.

7. 가르치는 사람은 캐주얼한 복장이 좋다. 참석자들도 자연스러운 복장으로 참여하는 것이 좋다.

8. 가능하다면 둥근 테이블을 준비해서 참석자들이 자연스럽게 서로 대화할 수 있도록 하라.

9. 4시간 동안 참가자들의 자녀를 돌볼 수 있는 공간을 준비하고 자원봉사자를 모집하라.

목적이 이끄는 양육의 진행

1. 먼저 하나님께 찬양과 경배를 드리고 성령 충만의 은혜가 각 과정을 공부하는 동안 함께하도록 기도하라.

2. 4시간의 집중세미나 경험이 즐거운 시간이 되도록, 마치 파티에 참석하는 느낌을 갖도록 준비하라. 그렇게 되기 위해서는 4시간에 맞게 공부할 자료를 준비해야 한다. 너무 많은 양을 전하려다 보면 강의의 분위기가 가라앉을 수 있다.

3. 이 과정에 참여해서 따듯하고 부드러운 느낌을 받을 수 있도록 밝은 분위기를 만들어라.

4. 휴식시간을 적당하게 가지라. 그러나 휴식시간을 자주 가지면 집중력이 떨어진다. 4시간 강의 중 10분 정도의 시간을 한 번만 가지는 것이 좋다.

5. 강의할 때 참가자들이 강사를 통해서 섬김을 받는다는 느낌을 받을 수 있도록 하라.

6. 각 과정을 마칠 때마다 헌신을 요구하라. 과정을 마무리하면서 은혜로운 분위기 가운데 헌신 서약을 하는 것이 중요하다. 특히 교회 리더들이 서약에 응할 수 있도록 기대하며 그들을 이끌어라.

7. 어떤 이유로 헌신하지 않는 사람들이 있더라도 결코 실망하거나 낙심하지 말라. 헌신하지 않는 사람들은 언제나 있기 마련이다.

목적이 이끄는 양육의 행정처리

1. 다음 단계에 대한 안내를 확실하게 해야 한다. 철저한 후속사역 관리가 필요하다. 언제나 다음 과정에 대한 등록카드를 준비해 두고 곧바로 작성할 수 있도록 하라(등록신청은 받지만, 다음 단계 과정은 적어도 4주가 지난 이후에 시작해야 한다).

2. 각 과정을 마친 사람에게는 72시간 안에 연락을 해야 한다. 그래서 다음 단계에 등록할 수 있도록 안내해야 한다.

3. 수료자들에 대한 정보를 정리하라. 전화번호, 이메일 주소 등을 파악해서 계속해서 정보를 교환하고, 함께 참여해서 은혜를 나누게 되어서 감사하다는 감사 메시지를 꼭 보내도록 하라. 각 개인과 가족의 정보를 얻는 기회로 삼아라.

4. 지속적으로 발전하는 양육 세미나가 되기 위해서는 설문지를 활용해서 피드백을 받는 것이 좋다.

201 과정

성장 : 나의 영적 성숙
The Purpose Driven Curriculum

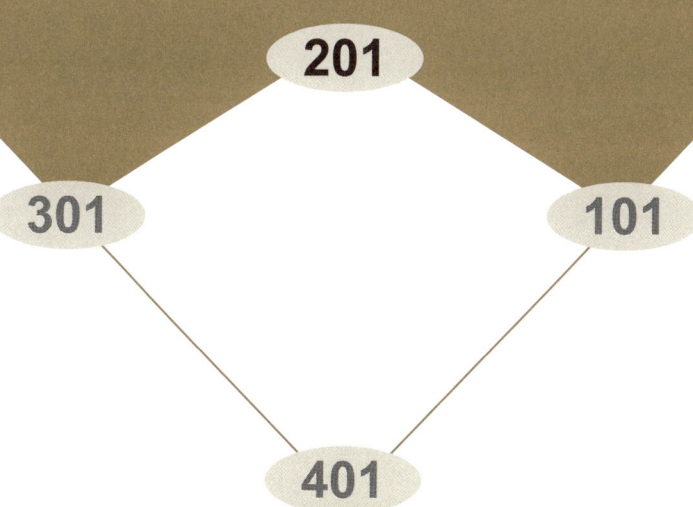

201과정의 개요

참가 자격 : 이 과정은 101과정을 수료하고 적어도 4주의 실천기간(안내봉사)을 거친 등록교인을 대상으로 한다.

201과정은 성숙을 향해 나아가는 과정이다. 이 과정을 통해서 교인들은 매일 자신의 삶 속에 하나님이 들어오시도록 훈련을 한다. 성숙의 단계에는 3가지 요소가 필요하다. 첫째는 우리 교회에서 운영되고 있는 소그룹 활동 가운데 하나를 선택해서 가입하는 것이다. 두 번째는 십일조 헌금을 통해서 하나님의 일을 재정적으로 후원하는 것이다. 십일조의 목적을 이해하고 습관화해야 한다. 세 번째는 날마다 개인적이고 자신의 삶을 돌아보는 성찰의 기도를 통해서 하나님께 말씀드리고, 또한 삶을 지속적으로 인도해 주시기를 구하는 기도를 습관화해야 한다. 이 세 가지 습관을 통해서 참가자들은 한 단계 업그레이드된 영적생활을 할 수 있을 것이다.

주의

- 201과정의 제 3장은 분량이 1, 2장을 합한 것보다 많으므로 1부와 2부로 나누어져 있다. 따라서 201과정을 각 장별로 여러 주에 나누어 진행할 경우 인도자는 3장을 2주로 나누어서 진행하도록 하라.
- 이 과정을 4시간 One Day 세미나로 진행할 경우 한 부분에 집중하다 보면 정해진 시간을 넘기기 쉽다. 적당한 시간조절이 중요하다. 깊이 없이 다루거나 너무 무리한 시간 사용을 자제해야 한다.

| 인도자를 위한 팁 | **시작하기 전에 잠깐!** |

강의를 준비하면서 기도하는 것을 잊기가 얼마나 쉬운지 모른다. 기도가 중요하다는 것을 몰라서가 아니라, 잊어버리는 것이다. 다시 한 번 명심하라. 기도하는 것을 잊지 말아야 한다. 강의안 표지에 '기도하라'라고 큰 글씨로 써 두는 것도 좋은 방법이다. 강의를 시작할 때마다, 새롭게 역사하실 하나님을 의지하라.

"주님, 이 시간 제 힘과 능력만으로는 아무것도 할 수 없습니다. 오직 주님이 원하시는 일을 이들의 삶 속에 이루시기를 원합니다. 듣는 이들의 마음을 변화시키고 그들의 생각을 고치소서"라고 매 시간 기도하라.

201과정

성장 : 나의 영적 성숙
The Purpose Driven Curriculum

201과정에 참여하신 여러분을 환영합니다!

201과정은 401과정까지 진행되는 우리 교회의 네 가지 필수 과정들 가운데 두 번째 과정에 해당됩니다. 이 과정들은 각각 이전 과정에 기초해서 세워지기 때문에 201과정을 들으시기 전에 "101과정/ 참여 : 나의 영적 가족"을 먼저 들으셔야 합니다.

이 과정은 등록교인이 된 분들에게만 열려 있습니다. 왜냐하면 네 개의 과정들이 서로 깊이 연결되어 있으며, 특히 201과정은 101과정을 기초해서 설명되는 것들이 많기 때문입니다.

> **인도자를 위한 팁**
>
> 새들백 교회에서는 101과정 수료자에게 201과정에 참석할 것을 권하는 편지를 보낸다. 〈201과정 초청편지〉의 예는 지침서 부록을 참고하라. 참가자용 교재 6-10페이지는 전체 과정의 요약이라고 할 수 있다. 간략하게 설명하고 제 1장으로 바로 들어가도록 하라. 3~4주 과정으로 개설했다면, 매주 서론 형식으로 이 내용을 정리하면서 이용할 수 있을 것이다.

우리는 몇 가지의 기본적인 '헌신' 없이는 하나님의 소원을 완전히 이루는 모습으로 거듭날 수 없습니다. 오늘 여러분의 영적 성숙을 도울 기본적인 헌신에 관해 이야기하겠습니다.

1. 201과정의 목적

먼저 〈201과정의 목적〉을 주목해 주십시오. 201과정의 목적은 무엇입니까? 바로 에바브라가 골로새 교인들을 향해 품었던 목표와 동일합니다.

> "그가(에바브라) 항상 너희를 위하여 애써 기도하여 너희로 하나님의 모든 뜻 가운데서 <u>완전하고 확신 있게 서기</u>를 구하나니"(골 4:12 하).

'완전하고 확신 있게 서기'에 밑줄 치십시오. 이 말은 성숙하기를 원한다는 말입니다. 이것은 우리의 바람이자 우리를 향한 하나님의 소원입니다. 하나님은 우리의 성숙을 원하십니다. 여러분의 성숙은 하나님의 뜻입니다.

> "이는 우리가 이제부터 어린아이가 되지 아니하여…범사에 <u>그에게까지 자랄지라</u> 그는 머리니 곧 그리스도라"(엡 4:14-15).

'그에게까지 자랄지라'에 밑줄 치십시오. 이 말씀을 출생과 성장의 관점에서 이해해야 합니다. 여러분은 하나님의 가족으로 거듭나셨습니까? 그렇다면 하나님은 여러분에게 성장을 기대하십니다. 거듭난다는 것이 무엇입니까? 그것은 하나님의 가족으로 신분이 바뀌는 것을 의미합니다. 아이를 출산한 어머니는 아이에게 육체적인 성장을 기대합니다. 그것과 마찬가지로 영적으로 거듭난 여러분에게 하나님은 영적인 성장을 기대하십니다. 제대로 성장하지 못해 영적 갓난아이로 나이만 먹고 있는 그리스도인들이 많습니다. 하나님은 여러분에게 성장을 기대하십니다.

2. 201과정의 초점

201과정은 그리스도인들이 자신의 영적 성숙을 위해 개발해야 할 세 가지 습관에 초점이 맞추어져 있습니다.

우리는 모든 그리스도인들이 영적 성숙에 이르도록 자라가기 위해 개발시켜야 할 세 가지 기본 습관에 초점을 맞출 것입니다. 201과정에서 여러분은 다음의 두 가지를 배우게 됩니다.

> **인도자를 위한 팁**
>
> 교제, 헌금, 경건의 시간, 구체적인 이 세 가지 습관이 영적 성장에 중요하다는 것은 모두 인정하지만, 구체적인 '기술'과 '방법/도구'를 알지 못해서 어려움을 겪는 사람들이 많다. 201과정은 이 세 가지 습관을 참가자들이 어떻게 실천할 수 있을지에 대해서 집중적으로 다룰 것이다.
> 새들백 교회에서는 201과정에서 '훈련'이라는 말보다 '습관'이라는 말을 선호한다. '습관'이라는 말이 새 신자들에게 덜 위협적으로 들리고, 또한 견디는 것이 아니라 즐기는 것이라고 생각하기 때문이다.

1) 세 가지 기본 습관을 시작할 때 필요한 "기술"
2) 세 가지 기본 습관을 지속해 나가기 위해 필요한 "도구"

3. 영적 성숙이란 무엇입니까?

"영적 성숙이란 무엇입니까?"라고 질문했을 때 많은 사람들이 혼동을 일으킵니다. 어떤 사람은 "기도를 많이 하는 것입니다" 혹은, "성경을 많이 읽는 것입니다", "전도를 잘해야 합니다" 등 여러 가지 각도에서 이야기를 합니다. 모든 대답이 어느 정도는 맞습니다. 에베소서 4:13을 함께 읽고 영적 성숙의 정의를 생각해 보겠습니다.

"우리가 다 하나님의 아들을 믿는 것과 아는 일에 하나가 되어 온전한 사람을 이루어 그리스도의 장성한 분량이 충만한 데까지 이르리니"(엡 4:13).

우리는 이 구절을 근거로 영적 성숙을 한 문장으로 정의할 수 있습니다. 진정한 성숙은 '그리스도의 장성한 분량이 충만한 데까지 이르는 것'입니다. 다시 말해 '예수님처럼 되는 것'입니다. 예수님의 성품을 갖는 것입니다.

7페이지를 보면 영적 성숙에 대한 정의가 있습니다. 함께 읽겠습니다.

1) 영적 성숙이란 <u>그리스도를 닮는 것</u>입니다.

'그리스도를 닮는 것'에 밑줄 치십시오. 이것은 세상 첫날부터 지금까지 동일한 하나님의 목적이었습니다. 밑에 있는 성경구절도 함께 읽어 보겠습니다.

"하나님이 미리 아신 자들을 또한 <u>그 아들의 형상을 본받게 하기 위하여</u> 미리 정하셨으니…"(롬 8:29).

'그 아들의 형상을 본받게 하기 위하여'에 밑줄 치십시오. 세상이 만들어지던 그 태초에 하나님은 에덴동산에서 인간을 만드시면서 "우리의 형상을 따라 사람을 만들자"고 말씀하셨습니다. 이 말의 뜻은 하나님과 같은 권위를 지닌 신을 만들자는 것이 아닙니다. 인간에게 하나님의 성품을 소유하게 하자는 것입니다.

성경에 따르면 죄로 인해 인간의 형상(하나님께서 당신의 형상을 따라 만드신 원래의 인간 형상)이 손상되었습니다. 아담은 하나님의 형상을 따라 창조되었습니다. 그러나 그가 죄를 범함으로 그의 형상은 파괴되었습니다. 이 파괴된 형상의 회복을 위해 그리스도께서 이 땅에 오셔서 우리 죗값을 지고 십자가에서 죽으셨습니다. 이러한 까닭에 우리는 하나님의 아들, 즉 예수 그리스도와 같아져야 합니다.

7페이지 4번을 보겠습니다.

4. 어떻게 하면 그리스도를 닮아 자라갈 수 있습니까?

1) 영적 성숙은 자동적으로 이루어지지 않습니다.

"때가 오래 되었으므로 너희가 마땅히 선생이 되었을 터인데 너희가 다시 하나님의 말씀의 초보에 대하여 누구에게서 가르침을 받아야 할 처지이니 단단한 음식은 못 먹고 젖이나 먹어야 할 자가 되었도다"(히 5:12).

'너희가 마땅히 선생이 되었을 터인데'에 밑줄 치십시오. 그리스도인이 되었을 때 영적 성장이 자동적으로 이루어진다면 얼마나 좋을까요? 그러나 시간이 흐른다고 영적 성숙이 이뤄지는 것은 아닙니다. 우리가 '모태신앙'이라는 말을 사용할 때 한 사람의 영적 성숙을 시간으로 평가하는 의미가 있습니다. 그러나 모태신앙인 신자들이 모두 성숙한 신자는 아닙니다. 히브리서 5:12-13을 통해 히브리서 기자는 영적 성숙이 거듭난 후에 자동적으로 따라오는 보너스가 아니라는 것을 분명히 말하고 있습니다. 영적 성숙에는 '시간'과 '노력'이 요구됩니다.

2) 영적 성숙은 계속되는 과정입니다.

"오직 우리 주 곧 구주 예수 그리스도의 은혜와 그를 아는 지식에서 자라 가라"(벧후 3:18).

'자라 가라'에 밑줄 치십시오. 이 구절도 영적 성숙이 단번에 벌어지는 어떤 사건이 아닌, 시간이 걸리는 일련의 과정임을 알려 줍니다. 영적 성숙에 지름길은 없습니다. 오늘 한 알 먹으면 내일 영적 성숙이 완성되는 알약이 있다면 여러분에게 드리고 싶지만 그런 것은 없습니다.
사람들은 지름길을 구합니다. 어떤 이는 감정적인 경험을 구합니다. "이러 이러한 '특별한 경험'을 하게 된다면, 내 모든 문제가 해결되고 성숙한 그리스도인이 될 텐데" 또 어떤 이는 "그 세미나에 참석하기만 하면…", "그 책만 읽으면…", "그 테이프만 들으면…" 또 어떤 이는 "내

가 몇 가지 규칙만 잘 지키면 하나님이 원하시는 모습을 가진 내가 될 수 있을 거야"라고 말합니다.

그러나 성경은 "No"라고 말합니다. 영적 성숙은 지속적인 일련의 과정입니다. 성숙을 위해서는 배움의 과정이 필요합니다.

3) 영적 성숙은 <u>훈련</u>이 필요합니다.

"경건에 이르도록 네 자신을 연단하라"(딤전 4:7 하).

여러분의 경험에 비추어 보십시오. 육체의 건강이 자동으로 이루어집니까? 아닙니다. 영적 건강 또한 마찬가지입니다. 영적 건강 또한 시간과 노력을 요구합니다. 육체의 건강을 위해 운동하는 것과 마찬가지로 영적 건강을 위해 몇 가지 기본적인 습관을 개발하십시오. 영어성경 'NASV'는 디모데전서 4:7을 "거룩해지려는 목적을 가지고 자신을 훈련시키라"(Discipline yourself for the purpose of godliness)로 번역하고 있습니다. 성숙을 위해서는 훈련이 필요합니다.

제자도에 대한 이해

훈련에 관해 이야기하려면 '제자도'에 대해서도 이야기해야 합니다. 왜냐하면 이 둘은 뗄 수 없는 관계이기 때문입니다. 먼저 다음 다섯 가지 사실을 이해하시기 바랍니다.

① 그리스도를 따르는 사람들을 <u>제자</u>라고 부릅니다.

제자는 '성숙한 성도'를 지칭하는 성경 용어입니다.

② 그 누구도 <u>훈련</u> 받지 않고 제자가 될 수 없습니다.

성경은 훈련을 받지 않고는 제자가 될 수 없다고 가르칩니다. 사실 제자(disciple)와 훈련(discipline)이라는 두 단어는 함께 사용됩니다.

③ 훈련을 많이 받으면 받을수록 하나님께서는 나를 더 잘 사용하실 수 있습니다.

에베소서 4:12에서는 "이는 성도를 온전하게 하여 봉사의 일을 하게 하며 그리스도의 몸을 세우려 하심이라"라고 말하고 있습니다. 아무 훈련 없이 사역에 배치되는 것보다, 훈련을 통해서, 온전하게 되는 과정을 통해서 하나님 나라의 일을 더 잘할 수 있게 됩니다.

④ 그리스도를 따르는 사람은 자기 <u>십자가</u>를 져야 합니다.

제자의 표(mark of a disciple)는 십자가를 지는 것입니다. 누가복음 14:27에서 예수님은 이렇게 말씀하십니다.

"누구든지 자기 십자가를 지고 나를 따르지 않는 자도 능히 내 제자가 되지 못하리라"(눅 14:27).

'자기 십자가를 지고'에 밑줄 치십시오. 하나님께서는 우리가 우리의 십자가를 질 때 기뻐하십니다. 우리는 십자가를 진다는 의미를 연구해 볼 필요가 있습니다.

⑤ 얼마나 자주 자기를 부인하며 십자가를 지고 따라야 합니까? : <u>매일</u>

"아무든지 나(예수님)를 따라오려거든 자기를 부인하고 날마다 제 십자가를 지고 나를 따를 것이니라"(눅 9:23).

'날마다'에 밑줄 치십시오. '날마다 제 십자가를 진다'는 말의 의미, 이것이 이 시간 우리가 함께 나눌 주제입니다. '십자가를 진다는 것'은 실제 우리의 삶에서 무엇을 의미합니까? '어떤 희생과 고난이 따르더라도 삶의 첫 자리에 그리스도를 모시는 것'입니다.

4) 영적 성숙은 그리스도의 사랑에 대한 반응입니다.

"그리스도의 사랑이 우리를 휘어잡습니다. 우리가 확신하기로는, 한 사람이 모든 사람을 위하여 죽으셨으니, 모든 사람이 죽은 셈입니다. 그런데 그리스도께서 모든 사람을 위하여 죽으신 것은, 이제부터는, 살아 있는 사람들이 자기 자신들을 위하여 살아가도록 하려는 것이 아니라, 자기들을 위하여서 죽으셨다가 살아나신 그분을 위하여 살아가도록 하려는 것입니다"(고후 5:14-15, 새번역).

'그리스도의 사랑이 우리를 휘어잡습니다'에 밑줄 치십시오. 영적으로 성숙한 삶은 그리스도의 사랑에 대한 반응으로 나타나는 것이지 억지로 하는 것이 아닙니다. 그리스도께서 먼저 우리를 위해 십자가를 지셨습니다. 우리를 위해서 말할 수 없는 은혜를 베풀어 주셨습니다. 따라서 우리도 그리스도를 사랑해야 하는 것이 옳습니다. 그 사랑이 어떻게 나타나야겠습니까? 하나님이 원하시는 영적 성숙의 길을 가는 것입니다. 훈련 없이는 영적 성숙(제자가 되는 것)이 있을 수 없다는 말씀을 앞서 드렸습니다. 이제 우리가 훈련해야 할 세 가지 습관을 하나씩 구체적으로 살펴보겠습니다.

5. 제자의 세 가지 습관

"우리는 제자의 습관을 개발함으로써 제자가 될 수 있습니다!"

어떻게 제자가 될 수 있습니까? 제자의 습관(disciple habits)을 개발해야 합니다.

"…여러분은 옛 사람을 그 행실과 함께 벗어버리고, 새 사람을 입으십시오. 이 새 사람은 자기를 창조하신 분의 형상을 따라 끊임없이 새로워져서, 참 지식에 이르게 됩니다"(골 3:9-10, 새번역).

'그 행실과 함께 벗어버리고'에 밑줄 치십시오. 이것은 우리의 선택과 결단의 문제입니다. 우리가 하나님의 형상 회복을 위해 오랜 습관을 내려놓고 새로운 습관을 취하기로 선택할 때, 하나님이 일하실 수 있다고 이야기합니다. 이것이 하나님의 방법입니다. 하나님의 첫 번째 목적은 우리를 예수님처럼 만드는 것입니다. 예수님처럼 되는 것, 이것이 바로 영적 성숙입니다. 우리의 옛 습관을 벗어버리고 새 습관을 입을 때 우리도 예수님처럼 될 수 있습니다.

우리는 앞으로 새로운 세 가지 습관을 하나씩 살펴볼 것입니다. 그 세 가지는 '교제', '헌금', '경건의 시간'입니다.
여러분의 교재 8페이지와 9페이지의 성경구절들에서 '제자'라는 단어에 밑줄을 치면서 함께 읽겠습니다.
첫 번째 습관입니다.

1) 첫 번째 습관 : 교제

"내가 너희를 사랑한 것 같이 너희도 서로 사랑하라 너희가 서로 사랑하면 이로써 모든 사람이 너희가 내 제자인 줄 알리라"(요 13:34-35).

'서로 사랑하라'에 밑줄 치십시오. 예수님께서는 우리가 서로를 사랑할 때 우리의 제자 됨이 증명된다고 말씀하십니다. 주님 안에서 우리 교제의 핵심은 사랑입니다. 이 성경구절은 성경의 수많은 사랑과 교제에 관한 구절 중 하나입니다. 다음은 두 번째 습관입니다.

2) 두 번째 습관 : 헌금

"이와 같이 너희 중의 누구든지 자기의 모든 소유를 버리지 아니하면 능히 내 제자가 되지 못하리라"(눅 14:33).

'자기의 모든 소유'에 밑줄 치십시오. 소유의 10퍼센트라고 말씀하십니까? 아닙니다. "자기의 모든 소유를 버리지 아니하면"이라고 말씀하십

니다. '모든'에 동그라미 치십시오. 여러분은 모든 소유 가운데서 어떤 십일조를 드리십니까?

　십일조는 진실한 자신의 신앙을 보여 주는 척도입니다. 소득의 10퍼센트를 드리기를 주저하면서 하나님께 모든 것을 드렸다고 말할 수 있습니까? 십일조에 대한 이해를 위해서 성경구절을 더 보겠습니다. 신명기 14:23을 주목하십시오.

"십일조의 목적은 당신들이 당신들의 삶 가운데서 하나님을 <u>최우선으로 모시는 것</u>을 가르치기 위함입니다"(신 14:23, LB 번역).

'최우선으로 모시는 것'에 밑줄 치십시오. 사실 하나님은 우리의 돈이 필요하신 게 아닙니다. 이 세상 모두가 그분의 것입니다. 하나님은 우리 삶의 최우선 순위에 하나님이 놓여 있다는 것을 우리의 손으로 증명하기를 원하십니다.

　하나님께서 포기하라고 말씀하신 그 무언가를 포기하지 못해 아직도 소유하고 있는 것이 있습니까? 그렇다면 당신은 그것을 소유하고 있는 것이 아닙니다. 오히려 당신이 포기하지 못한 바로 그것이 당신을 소유하고 있는 것입니다. 성경의 가르침은 이렇습니다. 내가 십일조를 드릴 때(100만 원을 벌어서 10만 원을 드릴 때) 내 돈의 10퍼센트를 하나님께 드리는 것이 아닙니다. 하나님께서 내게 하나님의 돈 90퍼센트를 사용하도록 허락하신 것입니다. 모두 하나님의 것이고, 단지 90퍼센트를 내게 맡기신 것입니다. 생각의 전환이 필요한 부분입니다. 이제 세 번째 습관을 살펴보겠습니다.

3) 세 번째 습관 : 경건의 시간

'경건의 시간'을 다른 표현으로 말하자면, '하나님의 말씀을 보기 위해 시간을 내는 것'이라고 할 수 있습니다.

"너희가 <u>내 말에 거하면</u> 참 내 <u>제자</u>가 되고 진리를 알지니 진리가 너희를 자유롭게 하리라"(요 8:31-32).

'내 말에 거하면'에 밑줄 치십시오. 성경에서 제자란 '하나님의 말씀에 거하는 자'라고 가르칩니다. 우리 하나님의 말씀에 거하는 삶이란, 말씀이 기록된 성경을 가까이 하고 읽고 암송하고 묵상하여 실천하는 삶을 말합니다. 그렇게 해서 하나님과 함께 걸어가는 것입니다. 또 다른 구절을 하나 더 살펴보겠습니다.

"너희가 내 안에 거하고 내 말이 너희 안에 거하면 무엇이든지 원하는 대로 구하라 그리하면 이루리라 너희가 열매를 많이 맺으면 내 아버지께서 영광을 받으실 것이요 너희는 내 제자가 되리라"(요 15:7-8).

'너희가 내 안에 거하고 내 말이 너희 안에 거하면'에 밑줄 치십시오. 우리가 하나님의 말씀 안에 잠겨 있는 시간이 우선 필요합니다. 교회의 일보다 우선 주님의 말씀 속에서 풍성한 누림이 필요합니다.
　이제까지 간단하게 살펴본 이 세 가지 내용을 말 그대로 습관화하는 것이 필요합니다. 헌 옷을 벗어버리고 새 옷을 입듯이 말입니다.
　우리가 가지고 있는 오해를 피하기 위해서 먼저 습관의 정의를 살펴보기로 하겠습니다.

습관이란 무엇입니까?

① "습관이란 반복을 통해 얻게 되는 어떤 분명한 활동으로서 종종 무의식 상태에서도 지속적으로 이뤄지는 것이다." – 웹스터사전

우선 '습관'에 관한 정의를 살펴봅시다. 웹스터 사전(Webster's II Dictionary)은 습관을 위와 같이 정의합니다. 또 '설정된 성격의 경향'이라고도 정의할 수 있습니다. 성격이란, 단순히 말해서 일들을 행하는 습관적인 방법입니다. 그리스도와 동일한 성격을 소유하기 원하십니까? 그리스도가 소유했던 습관을 개발하십시오. 성격은 일을 처리하는 습관적인 방법입니다. 예를 들어 내가 친절한 성격을 소유하고 있다면 그것은 내가 습관적으로 친절하기 때문입니다.

② "형성된 습관의 특징"

생각을 심으면 행동을 낳고, 행동을 심으면 습관을 낳고, 습관을 심으면 성품을 낳고 성품을 심으면 운명을 낳는다.

'나는 누구일까요?'라는 글을 읽어 드리겠습니다. 여기서 말하는 '나'가 누구인지 곰곰이 생각해 보시기 바랍니다.

> 참고 : 나는 누구일까요?
> 나는 항상 당신과 함께합니다.
> 나는 전적으로 당신의 명령에 따릅니다.
> 나는 쉽게 관리할 수 있습니다.
> 나는 모든 위대한 사람들의 하인이고.
> 또한 모든 실패한 사람들의 하인입니다.
> 당신은 나를 이용해 이익을 얻을 수도 있고 망해 버릴 수도 있습니다.
> 나를 택해 주세요. 나를 길들여 주세요. 엄격하게 대해 주세요.
> 그러면 세계를 제패하게 해 주겠습니다.
> 나를 너무 쉽게 대하면 당신을 파괴할지도 모릅니다.
> 나는 누구일까요?
>
> 『성공하는 10대들의 7가지 습관』, 숀 코비, 김영사

③ "버릇으로 굳어진 행동"

또한 습관은 여러분이 늘 반복하는 어떤 것을 지칭하는 말입니다. 사실 우리 인간은 습관의 덩어리입니다. 여러분의 인생을 가만히 들여다 보시면 여러분이 행하는 일들의 대부분이 습관에 의한 것임을 알게 될 것입니다. 아침에 일어나면 습관적으로 양치질을 하고, 남자의 경우는 습관적으로 면도를 합니다. 면도할 때도 열 번에 아홉 번은 오른쪽 혹은 왼쪽, 동일한 방향에서 면도를 시작할 것입니다. 샤워할 때도 오른쪽 팔이라든가 혹은 왼발이라든가 늘 시작하

는 부위가 동일할 것입니다. 우리는 모두 습관의 동물입니다.

나쁜 습관을 없애는 것보다는 좋은 습관을 만드는 것이 더 쉽다는 사실에 동의하십니까? 나쁜 습관을 없애는 가장 좋은 방법은 좋은 습관으로 대치하는 것입니다.

그래서 201과정에서는 그리스도와 같은 형상으로 자라는 데 도움을 주기 위해 나쁜 습관을 좋은 습관으로 바꿀 수 있도록 여러분들 돕고자 합니다.

> **인도자를 위한 팁**
>
> 여러분이 섬기는 교회가 다른 교회와 비교해서 건강하다는 것을 무엇으로 판단할 수 있는가? '출석 인원'으로 비교해서는 안 되고 더욱 중요한 것으로 비교해야 할 것이다. 바로 삶의 변화를 통해서 비교하는 것이다. 십일조를 내는 사람은 얼마나 되는지, 경건의 시간을 갖는 사람은 얼마나 되는지, 선교를 하고 있는 사람은 얼마나 되는지, 사역을 하고 있는 사람은 얼마나 되는지 등으로 판단해야 한다.
>
> 지금 인도자는 습관을 훈련하는 방법에 대해서 강의하고 있다는 것을 명심하라. 201과정의 중요성을 설명할 때 이 사실을 염두에 두어야 할 것이다. 교회의 성장은 우리의 습관을 훈련하는 것과 직접적인 관련이 있다. 모든 참가자들이 이 세 가지 습관에 헌신할 수 있도록 간절히 기도하라.

6. 201과정의 목표

"여러분이 영적 성숙을 이루기 위해 필요한 습관에 <u>헌신</u>하는 것입니다."

201과정의 목표는 영적 성숙을 위해 필요한 습관들에 헌신하기로 서약하게 하는 것입니다.

> **인도자를 위한 팁**
>
> 우리 교회 는 모든 성도들이 〈목적이 이끄는 양육〉의 각 과정을 통해서 4가지 헌신을 하기를 원한다는 것을 다시 한 번 설명할 필요가 있다.
> ① 교제에의 헌신
> ② 성숙 또는 훈련에의 헌신
> ③ 사역에의 헌신
> ④ 사명에의 헌신
>
> 한 번에 조금씩 작은 헌신을 해 나가는 것이다. 이러한 4가지 헌신을 이끌어 내는 것이 중요하다. 101, 201, 301, 401과정을 거쳐 갈 때마다 헌신의 강도는 강해질 것이다.
>
> 성도들이 그냥 뒷자리에 앉아 있게 하지 말아야 한다. 점점 강한 헌신을 할 수 있는 자리로 초대하도록 하라.

"그러므로 형제들아 내가 하나님의 모든 자비하심으로 너희를 권하노니 <u>너희 몸을 하나님이 기뻐하시는 거룩한 산 제물로 드리라</u> 이는 너희가 드릴 영적 예배니라 너희는 이 세대를 본받지 말고 오직 마음을 새롭게 함으로 변화를 받아 하나님의 선하시고 기뻐하시고 온전하신 뜻이 무엇인지 분별하도록 하라"(롬 12:1-2).

'너희 몸을 하나님이 기뻐하시는 거룩한 산 제물로 드리라'에 밑줄 치십시오. 지체를 부정과 불법에 드린다는 것은 나쁜 습관을 가진 생활방식, 죄 된 습관을 가진 생활방식을 의미합니다. 성경은 너희 지체를 거룩한 종으로 드리라고 가르칩니다. 이는 의로운 습관, 좋은 습관을 가진 생활방식을 의미합니다. 성경은 "너희 몸을 드리라"고 표현하고 있습니다. 이것은 자발적인 행동이며 헌신입니다. 어떠한 습관으로부터 유익을 취하고자 한다면 '자발적인 의지'가 있어야 합니다. 습관은 올바른 동기가 필요하며 강제될 수 없는 성질의 것입니다.

11페이지 차례를 보시기 바랍니다. 제 1장에서는 〈성도의 교제〉에 대해

서, 제 2장에서는 〈헌금〉에 대해서, 제 3장에서는 세 번째 습관인 〈경건의 시간〉 즉, 하나님과 대화하는 기도의 습관, 매일 경건의 시간(QT)을 어떻게 가질 수 있는지에 대해서 이야기하겠습니다.

　마지막으로 좋은 습관을 시작하고 지속하는 방법에 관한 다섯 가지의 공식을 제시하고 마무리할 계획입니다. 이 공식들은 영적인 부분에서 뿐만이 아니라 여러분 삶의 모든 영역에서 어떤 습관을 시작하고 싶을 때 사용할 수 있는 공식이 될 것입니다.

제 1 장
첫 번째 습관 : 교제

히브리서 10:25은 신자라면 누구나 시간을 내어 그 의미를 생각해 보고 이해해야 할 중요한 구절입니다. 함께 읽어 보겠습니다.

"모이기를 폐하는 어떤 사람들의 습관과 같이 하지 말고 오직 권하여 그날이 가까움을 볼수록 더욱 그리하자"(히 10:25).

I. 성도의 교제가 왜 중요합니까?

> "다른 성도들과 함께 기도하고 나누며 섬기는 일에 동참하지 않아 자신도 다른 성도를 모르고, 다른 성도들도 그를 모른다면, 그는 하나님께 순종하는 그리스도인이 아닙니다. 그는 하나님의 뜻을 행하지 않는 그리스도인입니다. 그의 신학이 아무리 건전하다 할지라도 그는 주님께 순종하지 않는 자입니다."
>
> _ 레이 오트랜드

1. 당신은 다른 성도들과 함께 하나님의 가족에 속합니다.

신약성경을 주의 깊게 읽어 보면 '형제', '자매', '아버지', '자녀들'과 같이 가족 관계를 나타내는 어휘들이 꽤 많이 사용되고 있음을 알게 됩니다. 그 이유는 우리가 모두 한 형제자매이며, 우리의 아버지께서 하늘에 계시기 때문입니다. 예수님께서는 그의 제자들을 가리켜 "나의 형제들"이라고 말씀하셨습니다. 이것은 놀라운 일입니다. 육신의 형제자매들은 우리와 특별한 관계에 있는 사람이 아닙니까? 그러나 피로 맺어진 형제자매보다 오히려 그리스도 안에서 한 형제자매 된 우리가 더욱 가까운 사람들입니다. 우리는 육신의 형제자매들이 그러한 것처럼 서로 나누어 가지고, 서로를 위해 중보하고, 서로를 보살펴야 합니다. 왜냐하면 우리는 모두 한 아버지를 모신 자들이기 때문입니다. 그리고 그 아버지께서 우리를 한 가족으로 묶어주셨기 때문입니다. 우리는 모두 서로가 필요한 존재입니다.

> "기회 있는 대로 모든 이에게 착한 일을 하되 더욱 믿음의 가정들에게 할지니라"(갈 6:10).

'더욱 믿음의 가정들에게'에 밑줄 치십시오. 우리는 어떻게 하면 영적인 형제자매, 곧 성도들을 육신의 형제자매들에게 하는 것과 동일한 방식으로 섬길 수 있는지를 생각해야 합니다. 우리는 하나님의 가정에 속한

지체들입니다. '육신의 가정'과 비교해 우리의 '영적 가정'에 너무 소홀하지 않나 자신을 돌아보아야 합니다.

> "여러분은 하나님의 가족의 지체입니다…그리고 여러분은 다른 모든 그리스도인과 함께 하나님의 가족에 속합니다"(엡 2:19, LB 번역).

'속합니다'에 밑줄 치십시오. 성도의 교제가 중요한 것은 우리가 다 하나님의 가족에 소속되어 있기 때문입니다. 우리는 모두 한 권속입니다. 그분이 우리의 아버지 되시며, 우리는 그의 자녀들입니다. 우리는 소속을 자주 잊어버릴 수 있습니다. 다시 한 번 우리의 소속을 확인하시기 바랍니다.

> "이와 같이 우리 많은 사람이 그리스도 안에서 한 몸이 되어 서로 지체가 되었느니라"(롬 12:5).

'서로 지체'에 밑줄 치십시오. 우리들은 그리스도 안에서 한 몸을 이룬 지체입니다. 아마 어떤 이유로 손가락(혹은 다른 신체 부위)을 다쳐본 경험이 있을 것입니다. 실제로 다친 부분은 조그마한데, 그 일로 인해 하루 24시간 동안 몸 전체는 손가락의 존재(혹은 다른 신체 부위)를 의식해야 합니다. 그 고통으로 인해 손가락이 바로 지금 이 시간 내 삶에서 참으로 중요하다는 사실을 알게 됩니다. 이와 마찬가지로 우리 각자는 한 몸을 구성하는 지체처럼 서로에게 깊이 관련되어 있어야 합니다. 평소에는 그 지체의 중요성을 잘 인식하지 못할 수도 있습니다. 손가락 이야기가 이 진리를 이해하는 데 도움이 되었으리라 생각합니다. 우리는 모두 서로의 일부분이며, 우리는 서로가 간절히 필요한 존재입니다.

새들백 예화 :

"어느 교회에 다니느냐?"고 질문을 해 보면, 이렇게 대답하는 사람이 있습니다. "저는 교회를 다니지 않습니다. 저는 대자연 속에서 하나님과 교통합니다"라고 말입니다. 어느 정도는 괜찮은 방법이라고 생각합니다만, 그러한 대답을 하는 사람들이 그리스도와 관계를 맺는다는 의미를 어떻게 이해하고 있는지 확실하지 않습니다. 예수 그리스도의 교회와 그 자녀들과 함께하지 않고서는 예수 그리스도와 관계를 지속할 수 없습니다. 우리가 하나 되는 것, 그것은 하나님께서 미리 정하신 뜻입니다.

"나는 보이지 않는 교회에 속해 있다"고 얘기하는 사람들이 있습니다. 그분들에게 이런 질문을 던질 수 있습니다. "당신의 몸이 아프고 병들었을 때 그 눈에 보이지 않는 목사와 장로들이 당신을 찾아옵니까?"

신약성경에는 '교회'라는 단어가 약 100-104회 사용되었는데 '지역을 근거로 모인 성도들의 모임'이란 의미로 사용된 경우가 98회입니다. 성경은 눈에 보이지 않는 천상의 교회가 아니라 지역을 근거로 서로 모여 한 가족을 이루는 성도들의 모임, 즉 이 땅 위에 현실로 존재하는 지역 교회를 강조합니다.

2. 당신은 영적으로 성장하기 위해 격려가 필요합니다.

우리는 모두 날마다 영적으로 성장해야 합니다. 그러나 혼자서는 건강하게 성장할 수 없습니다. 우리는 서로가 필요한 존재입니다.

"서로 돌아보아 사랑과 선행을 격려하며"(히 10:24).

'서로 돌아보아(encourage one another)에 밑줄 치십시오. 우리가 삶 가운데 형제자매로 해야 할 일이 있습니다. 그중 하나는 하나님이 기뻐하실 일을 행하도록 서로를 격려하기 위해 무슨 말을 하며, 어떤 일을 할 것인가를 생각하는 일입니다. 목회자가 하나님과 항상 동행하기 위해서는 여러분의 격려가 절대적으로 필요합니다. 여러분들도 마찬가지입니다.

1) 영적 파트너

우리는 모두 영적 파트너가 필요합니다. 영적 파트너는 서로의 영적

성숙을 이루도록 돕습니다. 특히, 우리가 하나님과 함께하는 가운데 지속적으로 자라도록 서로 경청해 주고 밀어주는 격려자가 됩니다.

2) 좋은 영적 파트너의 특징은 다음과 같습니다.
  ① 이미 가까운 친구가 되어 내가 참여하는 소그룹에 속한 사람
  ② 내가 영적으로 자라도록 돕기를 원하는 사람
  ③ 나의 확신을 존중해 줄 수 있는 '신뢰할 만한' 사람

> **인도자를 위한 팁**
>
> 이 부분을 인도할 때 전도서 4:9-12 말씀과 함께 가족, 친구와 함께했을 때 힘이 되었던 이야기를 하나 준비해서 개인적으로 간략한 간증을 하는 것도 좋다.
>
> "두 사람이 한 사람보다 나음은 그들이 수고함으로 좋은 상을 얻을 것임이라 혹시 그들이 넘어지면 하나가 그 동무를 붙들어 일으키려니와 홀로 있어 넘어지고 붙들어 일으킬 자가 없는 자에게는 화가 있으리라 또 두 사람이 함께 누우면 따뜻하거니와 한 사람이면 어찌 따뜻하랴 한 사람이면 패하겠거니와 두 사람이면 맞설 수 있나니 세 겹줄은 쉽게 끊어지지 아니하느니라"(전 4:9-12).

3. 당신은 영적으로 자라기 위해 책임지는 관계가 필요합니다.

"철이 철을 날카롭게 하는 것 같이 사람이 그의 친구의 얼굴을 빛나게 하느니라"(잠 27:17).

'사람이 그의 친구의 얼굴을 빛나게 하느니라'에 밑줄 치십시오. 그 누구도 홀로 있을 수 없습니다. 그 누구도 외딴섬이 아닙니다. 바다 위에 떠 있는 섬들도 심해에서 모두 연결되어 있습니다. '홀로'가 아니라 '서로'가 되어야 합니다. 서로의 영성을 위해서 서로 섬기는 관계가 우리에게 꼭 필요합니다.

"형제들아 사람이 만일 무슨 범죄한 일이 드러나거든 신령한 너희는 온유한 심령으로 그러한 자를 바로잡고 네 자신을 살펴보아 너도 시험을 받을까 두려워하라 너희가 짐을 서로 지라 그리하여 그리스도의 법을 성취하라"(갈 6:1-2).

'그러한 자를 바로잡고'에 밑줄 치십시오. 죄는 우리를 유혹합니다. 향기로운 냄새도 나고 그 맛도 훌륭합니다. 문제는 속에 들어가면 쓴맛을 낸다는 데 있습니다. 이 유혹에 걸려 넘어지지 않도록 서로를 권고하고 격려하는 것이 형제자매 된 우리의 일입니다. 무엇이 그리스도의 법입니까? 서로를 돌아보는 것입니다. 서로 무거운 짐을 지어주는 것입니다.

예수님에 대한 우리의 믿음과 신앙을 증명하는 방법이 무엇입니까? "예수님, 사랑합니다"라고 말하는 것입니까? 그렇지 않습니다. 눈에 보이는 형제자매를 실제로 섬기는 것입니다. 그 사랑이 예수님을 향한 여러분 사랑의 실체입니다.

4. 교제는 세상을 향한 간증(증거)입니다.

"아버지여, 아버지께서 내(예수님) 안에, 내가 아버지 안에 있는 것 같이 그들도 다 하나가 되어…세상으로 아버지께서 나를 보내신 것을 믿게 하옵소서"(요 17:21).

'하나가 되어'에 밑줄 치십시오. 하나님께서 예수 그리스도를 보내셨다는 것을 세상이 어떻게 알 수 있습니까? 성도들의 하나 됨을 통해서입니다. 우리가 서로 사랑하고 서로의 필요를 돌아보고 하나 될 때, 예수 그리스도가 오신 것이 지어낸 이야기가 아니라 실제의 역사임을 믿게 됩니다. 우리가 동일한 마음을 품고 하나가 되는 일이 얼마나 중요한지 모릅니다. 같은 마음으로 하나가 되는 것이 복음의 열쇠입니다.

예수님께서 오늘날에도 살아 계신다는 것을 세상이 어떻게 알 수 있습니까? 요한복음 13:35은 이렇게 말합니다. "너희가 서로 사랑하면 이로써 모든 사람이 너희가 내 제자인 줄 알리라." 서로를 향한 우리의 사랑으로 알 수 있다고 말하고 있습니다.

5. 우리가 교제를 나눌 때 그리스도께서 함께하십니다.

지금 여기에 그리스도께서 우리와 함께 계십니다. 이렇게 말씀드릴 수 있는 것은 다음의 성경말씀 때문입니다. 마태복음 18:20을 함께 읽어 보겠습니다.

"두세 사람이 내 이름으로 모인 곳에는 나도 그들 중에 있느니라"(마 18:20).

6. 우리는 모두 서로가 필요합니다.

"각각 은사를 받은 대로 하나님의 각양 은혜를 맡은 선한 청지기같이 서로 봉사하라"(벧전 4:10).

'은사를 받은 대로', '서로 봉사하라'에 밑줄 치십시오.

"직분은 여러 가지나 주는 같으며…너희는 그리스도의 몸이요 지체의 각 부분이라"(고전 12:5, 27).

'지체의 각 부분'에 밑줄 치십시오. 영적 은사(spiritual gifts)에 관해 여러분들이 꼭 아셔야 할 사실 중 하나는, 이 영적 은사는 그리스도께 나오는 각 사람에게 하나님이 주시는 특별한 선물이라는 사실입니다. 이 영적 은사는 사실 단 한 사람만을 위한 것입니다. 각 성도에게 이 특별한 능력, 즉 영적 은사를 주시는 이유는 다른 성도를 섬기게 하기 위해서입니다. 이것은 너무나 중요한 포인트입니다. 나에게는 하나님이 주신 중요한 책임이 있습니다. 그것은 다른 사람의 필요를 섬기는 일입니다. 어떻게 다른 사람의 필요를 채운다고요? 우리에게 하나님께서 주신 은사, 재능, 물질로 채울 수 있습니다. 그래서 우리는 서로가 필요합니다. 서로 필요를 채우는 가운데서 영적으로 성숙해집니다. 우리는 서로에게 너무나 소중한 지체들입니다.

16페이지의 '서로 나누어야 할 교제'를 보십시오. '서로'라는 말은 신약에서 50회 이상 사용되고 있습니다. 그중에서 교제에 해당하는 몇 가지의 예를 살펴보겠습니다.

1) "서로" 나누어야 할 교제 (성경 말씀의 예)
- 서로 종노릇하라   갈 5:13
- 서로 받아들이라   롬 15:7
- 서로 용서하라   골 3:13
- 서로 문안하라   롬 16:16
- 서로 남의 짐을 지라   갈 6:2
- 서로 우애하라   롬 12:10
- 서로 존경하라   롬 12:10
- 서로 권면하라   롬 15:14
- 서로 복종하라   엡 5:21
- 서로 덕을 세우라   살전 5:11

우리는 '홀로'가 아니라 '서로'의 존재입니다. 그렇기 때문에 서로의 관계를 통해서 교제를 이루고, 관계도 이루며, 영적 성숙도 이루어지는 것입니다. 서로 종노릇하라, 서로 받으라, 서로 용서하라, 서로 문안하라, 서로 짐을 지라, 서로 우애하라, 서로 헌신하라, 서로 존경하라, 서로 가르치라, 서로 순종하라, 서로 격려하라 등. 성경은 우리의 교제와 함께 모이는 것과 섬기는 것을 힘주어 가르치고 있습니다. 우리가 서로를 통해서 얻을 수 있는 신앙의 유익은 개인적으로 얻는 신앙의 유익과는 비교할 수도 없습니다.

II. 어떻게 하면 지체들이 서로 가까운 관계로 지낼 수 있습니까?

1. 모든 성도들이 소그룹에 참여해야 합니다.

> **인도자를 위한 팁** **소그룹 사역**
>
> 새들백 교회는 약 3천 개 정도의 소그룹이 있다. 우리가 지금 공부하는 〈목적이 이끄는 양육〉에서는 101부터 401까지 계속 소그룹에 대해서 강조를 하고 있다. 새들백 교회에서 소그룹 리더가 되기 위해서는 101부터 401과정을 이수해야 하고 이후에 인도자 과정을 마쳐야 한다. 『새들백 교회 이야기』(p. 365)를 참고하라.

"그들이 날마다 성전에 있든지 집에 있든지 예수는 그리스도라고 가르치기와 전도하기를 그치지 아니하니라"(행 5:42).

'성전', '집'에 밑줄 치십시오. 우리는 사도행전에서 초대교회가 대그룹과 소그룹으로 함께 모였다는 것을 확인할 수 있습니다. 우리는 주일날 주님을 예배하기 위해 함께 모입니다. 우리는 교제하기 위해 소그룹으로 갑니다. 소그룹에서는 '서로'의 교제가 가능합니다. 소그룹에서 서로 섬길 수 있고, 사랑할 수 있으며, 서로를 위해 기도할 수 있고, 그 외에도 서로를 위해 많은 일들을 할 수 있습니다.

2. 교회 모임의 두 가지 유형

> **인도자를 위한 팁**
>
> 여러분이 섬기는 교회의 규모가 어떠하든지 '대그룹'과 '소그룹'의 조화는 중요하다. 규모가 큰 교회에서는 성도의 교제를 밀접하게 하기 위해서 소그룹이 더욱 필요하다. 모든 교인들은 소그룹의 일원이 될 필요가 있다.

> 목회자는 당연히 주일 예배(대그룹)를 사랑해야 한다. 대그룹 예배를 위해서 훌륭한 음악과 설교가 준비되어야 한다. 그러나 예배를 통해 주변의 사람들과 개인적인 관계를 가지기가 매우 어렵다. 그러나 소그룹에서는 서로의 실제적인 관심을 나눌 수 있다. 서로를 지원해 줄 수도 있다. 서로를 격려할 수도 있다.
> 중요한 것은 대그룹과 소그룹이 조화를 이루는 것이다. 따라서 여러분 교회의 크기와 상관없이 대그룹과 소그룹의 건강도를 측정해 볼 필요가 있다. 그리고 대그룹과 소그룹의 장단점을 평가해 보아야 한다. 그리고 그 평가를 보고 재조정을 해야 할 것이다.

1) 대그룹 모임 : 예배
2) 소그룹 모임 : 교제

"저의 집에 있는 교회에도 문안하라"(롬 16:5).

사도행전 2:46, 8:3, 16:40, 20:20; 고린도전서 16:19; 골로새서 4:15

여기에서 우리는 로마서 16:5에 나오는 '집에 있는 교회'와 사도행전에서 여러 번 보게 되는 "그들의 집에서 모이는 교회에도 문안해 주십시오"(롬 16:5, 현대인의성경)를 주목해 볼 필요가 있습니다(개역개정에서는 '또 저의 집에 있는 교회에도 문안하라로 되어 있다). 가정이라는 소그룹은 실로 교회가 성장하는 모판 역할을 하고 있습니다.

3. 우리는 우리 교회가 동시에 더 <u>크게</u> 그리고 더 <u>작게</u> 자라야 한다고 믿습니다.

우리는 교회가 더 크게 자라는 동시에 더 작게 자라야 한다고 믿습니다. 우리는 한꺼번에 1,000명과 교제할 수 없습니다. 1,000명은 10명 내지 15명의 작은 그룹으로 나눠야 합니다. 그렇게 할 때만이 성도 간의 교제와 도전과 섬김이 가능해집니다.

III. 소그룹의 목적은 무엇입니까?(행 2:42-47)

> **인도자를 위한 팁**
>
> 지금부터 사용하는 다섯 가지 개념(concept)들은 사도행전 2:42-47 을 근거로 한 것이다.

1. 훈련 : 성경말씀을 더 잘 이해하고 삶 가운데 적용하는 것입니다.

"그들이 사도의 <u>가르침을 받아</u> 서로 교제하고 떡을 떼며 오로지 기도하기를 힘쓰니라"(행 2:42).

'가르침을 받아'에 밑줄 치십시오. 초대교회는 양육과 훈련을 열심히 했다는 것을 알 수 있습니다. 우리 교회의 모든 소그룹은 단지 교제를 위해서만 모이지 않습니다. 소그룹에 대해 가장 먼저 주목할 것은 성경공부입니다. 바로 지금 우리가 하고 있는 일입니다. 우리는 성경, 특히 신약성경을 읽으면서 사도의 가르침을 받고 있습니다.

2. 교제 : 하나님 가족의 한 지체임을 느끼는 것입니다.

"그들이…<u>서로 교제</u>하고 떡을 떼며 오로지 기도하기를 힘쓰니라"(행 2:42).

'서로 교제'에 밑줄 치십시오. 소그룹으로 모여서 무엇을 했습니까? 교제입니다. 어떤 이는 교제를 '한 배를 타고 함께 노를 젓고 있는 두 사람'으로 정의할 수 있다고 말했습니다. 한 배에 나란히 앉아서 노를 저을 때 한 사람이 다른 사람보다 노를 더 많이 저으면 전진하지는 못한 채 원만 그리게 됩니다. 그러나 서로 노력해서 잘 협력한다면 빨리 진행할 수 있으며, 더 훌륭한 결과를 얻을 수 있을 것입니다. 교제는 같은 마음과 같은 목적, 곧 예수 그리스도께 영광을 돌리고 서로 섬긴다는 목적을 품고 서로 모이는 것입니다. 교제는 서로를 특별한 관계로 만들어 줍니다.

"집에서 떡을 떼며 기쁨과 순전한 마음으로 <u>음식을 먹고</u>"(행 2:46).

'음식을 먹고'에 밑줄 치십시오. 음식을 먹는 행위는 매우 친밀한 행동입니다. 우리 교회는 함께 모여 음식을 나누는 때가 많습니다. 함께 먹는 것은 사교적인 행위이며, 초대교회 성도들이 많이 했던 일입니다.

> **인도자를 위한 팁**
>
> 〈목적이 이끄는 양육〉과정 후에는 모든 참가자들이 함께 식사(간식)를 나누면서 풍성한 교제의 시간을 가지는 것이 좋다. 강의하는 시간을 넘어서 잠시라도 삶을 나누는 시간을 가지도록 하라. 릭 워렌 목사는 가능한 주일에 선착순 리스트를 만들어 사택에 사람들을 초청해서 간단한 차와 간식을 나누며 교제하는 시간을 가진다.

"성도들의 쓸 것을 공급하며 손 대접하기를 <u>힘쓰라</u>"(롬 12:13).

'힘쓰라'에 밑줄 치십시오. 오늘날 우리는 피자를 주문하거나 레스토랑에 가는 것을 참 좋아합니다. 그러나 자주 하지 않는 일이 있습니다. 가정으로 사람들을 초대하는 일입니다. 우리는 형제들을 가정으로 초대해서 함께 먹고, 그 가정의 특별한 분위기에서 교제하고, 함께 게임도 즐기면서 서로를 알아갈 필요가 있습니다.

3. 예배 : 예배에 대한 깊은 이해를 바탕으로 예배하는 것입니다.

"그들은…성찬을 나누고 <u>기도하는 일</u>에 전적으로 힘썼다"(행 2:42, 현대인의성경).

"<u>하나님을 찬미하며</u> 또 온 백성에게 칭송을 받으니"(행 2:47).

'기도하는 일'에 그리고 '하나님을 찬미하며'에 밑줄 치십시오. 우리의 개인의 목적도, 우리 교회의 목적도, 그리고 우리 소그룹의 목적도 하나님

을 경배하는 행위 즉, '예배'에 있습니다. 하나님께 예배드리기 위해서 반드시 십자가 종탑이 있는 교회당 건물이 필요하지는 않습니다. 사도행전 17:24에서 "우주와 그 가운데 있는 만물을 지으신 하나님께서는 천지의 주재시니 손으로 지은 전에 계시지 아니하시고"라고 말합니다. 대그룹으로 모이든지, 소그룹으로 모이든지, 홀로 있을 때든지, 우리는 하나님께 예배드릴 수 있습니다.

4. 사역 : 다른 사람들을 섬기는 기쁨을 체험하는 것입니다.

> "믿는 사람이 다 함께 있어 모든 물건을 서로 통용하고 또 재산과 소유를 팔아 <u>각 사람의 필요를 따라 나눠 주며</u>"(행 2:44-45).

'각 사람의 필요를 따라'에 밑줄 치십시오. '영적인 은사'는 한 자리에 머물러 있지 않아야 합니다. 남에게 베풀어진 은사는 오히려 더욱 커지며, 더욱 많은 곳을 향해 퍼져 나갑니다. 예수님께서는 "너희가 받은 것을 거저 주어라"(마 10:8)고 말씀하셨습니다.

소그룹이 바로 당신이 받은 은사를 거저 줄 장소입니다. 하나님께서 주신 것은 우리의 것이 아닙니다. 우리의 영적인 은사와, 대부분의 다른 선한 은사들은 자신만을 위한 것이 아니라 다른 사람을 돕기 위한 것입니다. 소그룹은 한 사람의 필요가 가장 잘 드러나는 곳입니다. 그래서 소그룹에서는 실제적인 도움을 나눌 수가 있습니다. 실제적인 도움의 과정을 통해서 실제적인 협력관계가 이뤄지고, 실제적인 사랑과 섬김이 가능한 것입니다.

만일 하나님께서 당신에게 지혜의 은사를 주셨다면, 그 은사를 주신 목적은 당신을 똑똑하게 만들기 위해서가 아니라 지혜가 부족해서 올바른 결정을 내리지 못해 혼란스러워하는 사람을 돕기 위해서 주신 것입니다. 만일 당신에게 지식의 은사가 있다면, 당신의 두뇌를 수많은 정보들로 채워 넣기 위해서가 아니라 하나님을 모르는 사람들이 하나님을 아는 지식을 가질 수 있도록 도와주는 목적을 위해 주신 것입니다.

5. 전도 : 믿지 않는 사람들에게 기쁜 소식을 전하는 것입니다.

"주께서 구원 받는 사람을 날마다 더하게 하시니라"(행 2:47).

우리 소그룹이 얼마나 건강한지를 알 수 있는 방법은, 우리 소그룹에 속한 지체들이 소그룹에서 경험한 하나님의 은혜를 얼마나 간증하고 전도하는지로 알 수 있습니다. 초대교회의 소그룹 교제는 '복음 증거'로 결과가 나타나서 날마다 구원 받는 사람들이 늘어났습니다. 성도의 교제는 성도들만의 교제로 끝나지 않습니다. 그들의 교제는 영혼 구원으로 열매를 맺습니다.

그래서 소그룹이 활성화 될 때에 '교회의 목적 다섯 가지'를 실행할 수 있게 되는 것입니다. 혼자서는 이루기 힘든 다섯 가지 목적을 함께 이루어 갈 수 있습니다. 단순한 교제의 차원에 머무르는 것이 목적이 아닙니다.

인도자를 위한 팁

소그룹의 목적 다섯 가지를 살펴보았다. 이것을 소그룹의 목적이라는 차원에서만 보지 말고 소그룹이 참가자들에게 줄 수 있는 유익이라는 관점에서 전달하도록 하라. 소그룹에 참가하면 그들이 주님과 동행하기 위해 필요한 여러 가지 권면을 받을 수 있으며, 그들의 은사를 사용해서 다른 사람을 주님과 동행하도록 격려하는 일을 할 것이라는 강한 확신을 심어주어야 한다.

교제는 크리스천의 삶에서 매우 중요한 측면이자 습관이다.

따라서 인도자는 201과정의 참가자 모두 어떠한 소그룹이든지 참가할 수 있도록 모든 수단을 동원해서 권면해야 한다.

새들백 교회에는 네 종류의 소그룹이 있다.
① **구도자 소그룹** : 전적으로 전도를 위해 조직된 소그룹이다. 전혀 위협적이지 않은 분위기에서 불신자들이 마음껏 질문하고 의심을 표현할 수 있도록 한다.

② **지원 소그룹** : 진학, 가족의 죽음, 이혼 등 어려운 삶의 문제로 인해 아파하는 사람들을 돌보고, 교제하며, 예배하는 목적을 위한 소그룹이다.

③ **봉사 소그룹** : 고아원, 교도소 전도, 이혼자 회복 등을 위해 봉사하는 소그룹이다.

④ **성장 소그룹** : 제자훈련, 성경공부, 설교를 바탕으로 한 성경공부 그룹 등이 여기에 속한다. 소그룹 인도자가 어떤 성경공부 교재든 선택해서 교회에 허락을 받고 활용할 수 있다.

제 2 장

|||||||| 두 번째 습관 : **헌금**

건강하고 성숙한 그리스도인이 되기 위해 개발해야 할 습관들이 매우 많다. 하지만 201과정에서는 그 가운데서도 '가장 중요한 세 가지'에 대해서 나누고 있다. 1장에서는 '다른 형제들과 규칙적으로 만나 교제'하는 습관의 소중함을 다루었다. 제2장에서는 두 번째 습관 '매주일 하나님께 헌금을 드리는 것'에 대해서 다루려고 한다. 인도자는 왜 헌금이 중요하고 세 가지 습관 중 하나로 꼽히는지 충분히 숙지해야 한다.

성경은 사실 헌금에 관한 책이라고 해도 과언이 아닙니다. 천국이나 지옥보다도 더 많이 이야기되는 것이 헌금의 문제입니다. 예수님은 다른 어떤 것들보다도 이 주제에 관해 가장 많이 말씀하셨습니다. 예수님의 비유 중 절반 이상이 돈과 관련되어 있습니다. 이 '돈'의 문제가 성경 속 다른 어떤 주제들보다도 훨씬 더 많은 약속의 말씀을 동반하고 있습니다.

"<u>매주의 첫날에</u>, 여러분이 수입으로 번 것의 얼마를 구별해서 헌금으로 드리십시오. 금액은 주님께서 여러분이 벌 수 있도록 얼마만큼 많이 도와주셨는가에 따르면 됩니다"(고전 16:2, LB 번역).

'매주의 첫날에'에 밑줄 치십시오. 여러분은 정기적으로 헌금, 특히 십일조를 드리고 있습니까? 성경은 '매주의 첫 날'

이라고 명시하고 있습니다. 이것이 의미하는 것은 성도들이 정한 때에 정한 헌금을 드렸다는 것입니다.

"여러분이 믿음과 말과 지식과 열심과 우리를 사랑하는 이 모든 일에 풍성한 것처럼 <u>헌금하는</u> 이 은혜로운 일에도 그렇게 해 주십시오"(고후 8:7, 현대).

'헌금하는 이 은혜로운 일'에 밑줄 치십시오. 성경 전체를 살펴보면 '믿음'이라는 단어는 272회, '기도'는 371회, '사랑'은 714회, '베풂'(give)은 2,162회나 사용되었습니다. 우리는 이렇게 단순한 비교를 통해서도 하나님이 베푸는 분(giver)이시라는 것을 알 수 있습니다. 하나님은 우리가 당신을 닮기 원하십니다.

I. 하나님께서는 왜 헌금을 원하십니까?
– 헌금을 통해 얻는 7가지 유익 –

> **인도자를 위한 팁**
>
> 초신자들에게 '헌금'이라는 용어가 오해를 불러 일으킬 수도 있다. 사실은 영어로는 Giving(드림)이라고도 표현한다. 헌금이라고 하면 '돈'을 드린다는 의미만 부각될 수 있지만, 사실 우리가 하나님께 드리는 것은 물질, 시간, 능력을 모두 드리는 것이다. 이러한 용어의 해석을 통해서 모든 것이 하나님께 속했다는 것을 다시 한 번 더 강조할 수 있을 것이다.

1. 헌금은 하나님을 더욱 <u>닮아</u>가게 합니다.

"하나님이 세상을 이처럼 사랑하사 독생자를 <u>주셨으니</u>…"(요 3:16).

'주셨으니'에 밑줄 치십시오. 하나님은 주시는 분이십니다. 하나님의 주심(Giving)에서 최고봉은 예수 그리스도를 이 세상에 보내 주신 것입니다. 하나님께서 우리를 사랑하셨기 때문입니다. 사랑이 없이는 주는 행위는 불가능합니다. 동시에 우리는 주는 것 없이 사랑할 수 없다는 것을 알아야 합니다. 그리스도인들이 세상에서 가장 사랑이 많은 사람들이 되기 위해서는 먼저 가장 많이 베푸는 자들이 되어야 합니다.

2. 헌금은 하나님께로 더 <u>가까이</u> 가게 합니다.

"네 보물 있는 그곳에는 <u>네 마음도</u> 있느니라"(마 6:21)

'네 마음'에 밑줄 치십시오. 돈 씀씀이를 살펴보면 그 사람의 우선순위를 알 수 있습니다. 집안 치장에 돈을 들인다면 그 마음은 집에 있습니다. 외식에 돈을 들인다면 그 마음은 위장에 있습니다. 돈을 쓰는 곳, 그곳에 마음이 있습니다.

그렇다면 이제 문제는 간단해집니다. 여러분은 여러분의 마음이 어디에 있기를 원하십니까? 골프장에 있습니까? 그러면 골프에 돈을 쓰게 됩니다. 재물이 있는 곳에 마음도 같이 있습니다. 사실, 하나님께 재물을 드릴 때 우리는 하나님과 좀 더 가까워질 수 있습니다. 오늘 집으로 돌아가서서 여러분의 지출 내역을 점검해 보십시오. 여러분의 마음이 어디에 있는지를 바로 파악할 수 있습니다.

3. 헌금은 황금만능주의에 대한 해독제입니다.

헌금은 황금만능주의로부터 우리를 지켜줍니다. 우리가 살고 있는 이 시대는 이기주의와 물질만능주의 시대입니다. 물질주의와 이기주의가 무엇입니까? '벌어라. 많이 많이 벌어라. 할 수 있는 최대한으로 많이 벌어라.' 이러한 생각을 심어주고 있습니다. 이러한 생각의 정반대가 무엇입니까? '헌금', 곧 '나누는 것'입니다. 이기주의와 물질주의를 정복하고 승리를 거두었는지의 여부는 나의 소유를 기꺼이 이웃과 나누고 있느냐로 판단될 수 있습니다.

> "네가 이 세대에서 부한 자들을 명하여 마음을 높이지 말고 정함이 없는 재물에 소망을 두지 말고 오직 우리에게 모든 것을 후히 주사 누리게 하시는 하나님께 두며 선을 행하고 선한 사업을 많이 하고 나누어 주기를 좋아하며 너그러운 자가 되게 하라 이것이 장래에 자기를 위하여 좋은 터를 쌓아 참된 생명을 취하는 것이니라"(딤전 6:17-19).

'부한 자들을 명하여'라고 말씀하십니다. 물론 예외는 있겠지만, 여기 모인 우리들은 모두 부유한 자들입니다. 대한민국의 대부분의 사람들이 지구상의 다른 국가의 사람들과 비교할 때 절대적으로 부유한 쪽에 속한다는 의미입니다.

'모든 것을 후히 주사 누리게 하시는'이라고 말씀하십니다. 받은 축복을 누리십시오. 그 축복에 죄책감을 느낄 필요는 없습니다. 축복하신 이가 하나님이십니다. 그러나 하나님께서 진실한 삶은 나눔에 있다고 말씀하십니다. 그러한 하나님이 손을 펴서 나누라고 명하셨습니다.

우리의 생계는 우리의 재물로 영위되지만 우리의 진정한 생명은 나누는 데 있습니다.

4. 헌금은 나의 신앙고백을 강하게 만들어 줍니다.

하나님은 당신의 믿음을 검증하시기 위해 '돈'을 사용하십니다. 잠언 기자는 다음과 같이 썼습니다.

> "너는 마음을 다하여 여호와를 신뢰하고 네 명철을 의지하지 말라…네 재물과 네 소산물의 처음 익은 열매로 여호와를 공경하라 그리하면 네 창고가 가득히 차고 네 포도즙 틀에 새 포도즙이 넘치리라"(잠 3:5, 9-10).

'그리하면'에 밑줄 치십시오. 하나님의 약속입니다. 그렇기 때문에 우리의 믿음을 사용해 도전할 것을 요구합니다. 우리의 신앙과 믿음을 증명하는 방법은 우리 소산의 처음 열매를 하나님께 돌려드리는 것이라고 말씀하십니다. 헌금은 나의 믿음을 강하게 만들어 주는 훌륭한 교육과정입니다. 그래서 헌금생활은 나의 믿음이 강화되게 합니다. 또한 강화된 믿음을 통해서 하나님이 축복을 주십니다.

> "주라 그리하면 너희에게 줄 것이니 곧 후히 되어 누르고 흔들어 넘치도록 하여 너희에게 안겨 주리라"(눅 6:38).

'그리하면'에 밑줄 치십시오. 하나님께서 우리에게 도전하십니다. "나를 시험해 보라. 이 약속이 실제로 그러한 결과를 가져오는지 시험해 보라. 내가 너를 얼마만큼 축복하기를 원하느냐? 한 컵을 주면 너도 한 컵의 축복을 누리게 될 것이다. 좀 더 큰 컵으로 주었느냐? 나 역시 너에게 좀 더 큰 컵으로 축복하마. 덤프트럭으로 부어 주었느냐? 덤프트럭으로 축복하마."

드리는 것이 나의 신앙을 강하게 합니다. 많은 사람들이 주기를 꺼리는 이유는 믿음이 부족해서입니다. 하나님께서 그들을 돌보신다는 것을 진실로 믿지 않기 때문입니다. 다시 한 번 말하지만, 이것은 하나님의 약속입니다. "주라"는 명령은 잠깐이지만 그다음 축복의 내용은 길게 표현되어 있습니다. 이 약속이 분명하다는 것을 나타내기 때문입니다.

5. 헌금은 <u>영원한</u> 세계를 위한 투자입니다.

"선을 행하고 선한 사업을 많이 하고 나누어 주기를 좋아하며 너그러운 자가 되게 하라 이것이 장래에 자기를 위하여 좋은 터를 쌓아 참된 생명을 취하는 것이니라"(딤전 6:18-19).

재물을 하늘나라에 가지고 가는 것은 불가능하지만 미리 갖다놓는 일은 가능합니다. 어떻게 그것이 가능합니까? 그곳으로 갈 사람들에게 미리 투자하는 것입니다. 그런데 연구조사 결과를 보면 한국의 보통 사람들은 남을 돕는 일에 상당히 인색합니다. 비교적으로 한국이 부유한데도 말입니다. 왜 그렇습니까? 가장 중요한 것을 제외하고 그 이외의 것들에 투자하기 때문입니다.

6. 헌금은 <u>나</u>에게 복으로 되돌아옵니다.

지금까지 많은 하나님의 약속에 대해서 말씀드렸습니다. 그 하나님의 약속들 가운데 '헌금, 곧 나눠주는 것'(Giving)에 따르는 약속보다 더 많은 약속을 동반하는 것은 없습니다.

"선한 눈을 가진 자는 <u>복을 받으리니</u> 이는 양식을 가난한 자에게 줌이니라"(잠 22:9).

'복을 받으리니'에 밑줄 치십시오. 선한 눈을 가진 자는 남을 보살펴 주는 사람이라는 구절입니다. 남을 어떻게 도와줄 수 있습니까? 자신에게 있는 양식을 더 가난한 사람에게 나누어 주어야 한다고 성경은 말씀하고 있습니다. 그러한 사람에게 무엇이 약속되어 있나요? '복'을 받는다고 말씀하십니다. 우리에게 있는 물질, 시간, 능력 등은 하나님께만 드릴 것

이 아니라, 우리의 이웃을 위해서도 사용되어야 합니다. 이것이 하나님 나라의 원리입니다.

"구제를 좋아하는 자는 <u>풍족하여질 것이요</u> 남을 윤택하게 하는 자는 <u>자기도 윤택하여지리라</u>"(잠 11:25).

'풍족하여질 것', '자기도 윤택하여지리라'에 밑줄 치십시오. 다시 말씀드리지만 이것은 하나님께서 우리들에게 만들어 놓으신 '원리'입니다. 이 원리대로 살지 못하는 것은 인간의 약함 때문입니다. 우리가 남에게 손을 펴서 주면, 하나님이 펴진 손에 선물을 주신다는 것이 하나님께서 만드신 놀라운 원리입니다.

7. 헌금은 나를 <u>행복</u>하게 만들어 줍니다.

(예수님) "주는 것이 받는 것보다 <u>복이 있다</u>"(행 20:35).

'복이 있다'에 밑줄 치십시오. 무엇이 복이 있다는 것입니까? '주는 것'입니다. 주는 것과 받는 것은 왼손과 오른손과 같습니다. 주는 것과 받는 것은 항상 함께 가게 되어 있습니다. 우리가 하나님 앞에 드릴 때에 하나님께서 우리를 항상 풍성하게 만들어 주신다는 것은 창세기부터 요한계시록까지 성경을 관통하는 원리입니다. 우리 믿음의 선조들은 모두 하나님께로부터 나온 이러한 원리를 깨달았던 것입니다. 우리들 대부분은 이 말씀을 진심으로 믿지 않습니다. 만일 우리가 말씀을 진심으로 믿고 있다면 우리들의 관심이 받는 일보다는 주는 일에 있어야 합니다.

"백성들은 자원하여 드렸으므로 <u>기뻐하였으니</u> 곧 그들이 성심으로 여호와께 자원하여 드렸으므로 다윗 왕도 심히 <u>기뻐하니라</u>"(대상 29:9).

'기뻐하였으니', '기뻐하니라'에 밑줄 치십시오. 세상에는 두 종류의 사람이 있습니다. 받는 사람이 있고 주는 사람이 있습니다. 세상에서 가장 행복한 사람들은 받는 사람들이 아닙니다. 주는 사람들이 세상에서 가장 행복한 사람들입니다. 자신이 받은 것들로 인해 존경받는 사람은 아무도 없습니다. 세상은 주는 사람을 존경합니다.

"사실 자선행위는 건강한 정신의 특징이다. 나누기를 좋아하는 이들이 정신병에 걸린 일은 매우 드물다." 유능한 정신의학자 중 한 사람인 칼 메닝거의 말입니다. 정신이 건강한 사람일수록 나누기를 즐깁니다. 움켜쥐고 내어주기를 싫어하십니까? 당신의 삶에 두려움이 있다는 증거입니다.

II. 성경은 십일조에 대해 어떻게 가르칩니까?

1. 십일조란 무엇입니까?

1) '십일조'란 '십 분의 일'을 뜻합니다.

2) '십일조'는 내 수입의 <u>10퍼센트</u>를 드리는 것입니다.

십일조의 의미는 무엇입니까? 문자적으로 10분의 1을 의미합니다. 하나님께서는 이 단어를 성경에서 일관되게 사용하고 계십니다. 성경에서 하나님은 우리에게 첫 열매의 십분의 일을 하나님께 돌려 드리라고 말씀하십니다. 십분의 일보다 적게 드린다면 그것은 십일조가 아닙니다. 십분의 일보다 더 많이 드렸다면 그것은 십일조 이상의 것입니다. 십일조는 내 수입의 10퍼센트를 하나님에게 돌려 드리는 것입니다. 헌금이란 십일조 이외에 하나님께 드리는 것입니다.

2. 왜 십일조를 드려야 합니까?

1) 하나님께서 그것을 <u>명령</u>하시기 때문입니다.

"그 땅의 <u>십분의 일</u> 곧 그 땅의 곡식이나 나무의 열매는 그 <u>십분의 일</u>은 여호와의 것이니 여호와의 <u>성물</u>이라"(레 27:30).

'십분의 일'과 '성물'에 밑줄 치십시오. 하나님은 분명하게 '십분의 일'이라고 못 박으셨습니다. 하나님의 명이므로 우리는 그저 순종해야 합니다.

2) 예수님이 그것을 <u>권하셨기</u> 때문입니다.

하나님만이 아니라 예수님도 십일조를 명하셨습니다. 마태복음 23:23에서 예수님이 전후무후하게 바리새인들을 칭찬하시는 사건이 나옵니다. 예수님께서 바리새인들을 향하여 "너희들이 다른 모든 일들은 엉망이지만 이 문제는 잘하고 있구나"라고 칭찬하십니다.

> (서기관들과 바리새인들에게) "너희가 박하와 회향과 근채의 십일조는 드리되 율법의 더 중한 바 정의와 긍휼과 믿음은 버렸도다 그러나 이것도 행하고 저것도 버리지 말아야 할지니라"(마 23:23).

바리새인들이 비록 다른 일들은 행하지 않았지만 그들도 십일조를 드렸습니다. 예수님께서도 십일조를 권했습니다. 그렇기 때문에 우리는 순종할 수밖에 없습니다.

3) 십일조 생활은 하나님께서 나의 삶 가운데 <u>첫 자리</u>를 차지하고 계심을 보여 주기 때문입니다.

> "십일조의 목적은 당신의 삶에서 하나님을 언제나 <u>첫 번째 자리에 모시는 것</u>을 가르치기 위함입니다"(신 14:23, LB 번역).

'첫 번째 자리에 모시는 것'에 밑줄 치십시오. "하나님께서 내 삶의 최우선 자리에 앉아 계십니다"라는 입술의 말을 검증할 수 있는 두 가지 방법이 있습니다. '일정표'와 '금전출납부'를 들여다 보면 실제로 무엇이 내 삶의 첫 번째 자리에 앉아 있는지를 알 수 있습니다. 돈과 시간을 쓰는 방법으로 진실을 알 수 있습니다. 여러분의 스케줄 노트를 살펴보십시오. 어디에 우선순위를 두고 살고 계십니까? 여러분의 카드 영수증을 보십시오. 어디에 우선순위를 두고 살고 계십니까?

4) 십일조 생활은 내가 가진 <u>모든</u> 것이 하나님께서 주신 것이란 점을 상기 시켜주기 때문입니다.

"네 하나님 여호와를 기억하라 그가 네게 재물 얻을 능력을 주셨음이라"(신 8:18).

'재물 얻을 능력'에 밑줄 치십시오. 지금 여러분들이 가지고 있는 모든 능력과 영향력을 살펴보십시오. 많은 사람들이 자신이 노력하고 수고해서 돈을 벌고 지식을 얻었다고 생각합니다. 그러나 성경말씀은 그 모든 것을 가질 수 있는 능력이 하나님께로부터 왔다고 말하고 있습니다.

> **새들백 이야기 : 릭 워렌 목사의 재정 헌신**
>
> "이것은 우리에 관한 것이 아니다"는 『목적이 이끄는 삶』의 첫 번째 문장이다. 릭 워렌 목사의 책 『목적이 이끄는 삶』이 천문학적 숫자로 팔려서 그 책을 통해서 수백만 달러의 수입이 생겼다. 그래서 릭 워렌 목사는 "부요함으로 제가 무엇을 하길 원하시나요?" "영향력으로 제가 무엇을 하길 원하시나요?"라고 하나님께 질문하기 시작했고, 하나님으로부터 고린도전서 9장과 시편 72편 말씀을 응답으로 받았다. 그 이후 릭 워렌 목사 부부는 다음과 같이 다섯 가지 결정을 내렸다.
> 1. 조금이라도 우리의 생활 방식을 바꾸지 않는다.
> 2. 2002년 말 이후 교회로부터 생활비를 받지 않는다.
> 3. 지난 27년 동안 교회로부터 받은 돈을 전부 계산해서 교회에 돌려준다.
> 4. 세 개의 재단을 설립한다(목회자들을 훈련시키는 재단, PEACE사역을 위한 재단, 에이즈에 감염된 사람을 돕기 위한 재단).
> 5. 역 십일조를 낸다. 수입의 90퍼센트를 십일조로 내고, 10퍼센트로 생활을 한다.

5) 십일조 생활은 하나님을 향한 나의 <u>감사</u>를 표현해 주기 때문입니다.

"각 사람이 네 하나님 여호와께서 주신 <u>복을 따라 그 힘대로 드릴지니라</u>"(신 16:17).

'복을 따라 그 힘대로'에 밑줄 치십시오. 우리는 십일조를 준비할 때마다 "그렇습니다. 하나님. 모든 것이 주님께로부터 온 것입니다. 주님이 아니었다면 저는 아무것도 누리지 못했을 것입니다"라고 고백해야 합니다.

6) 하나님께서는 십일조 생활을 하지 않는 것을 두고 하나님의 것을 <u>도둑질</u>하는 것이라고 말씀하시기 때문입니다.

"사람이 어찌 하나님의 것을 도둑질하겠느냐 그러나 너희는 나의 것을 도둑질하고도 말하기를 우리가 어떻게 주의 것을 도둑질하였나이까 하는도다 이는 곧 십일조와 봉헌물이라 너희 곧 온 나라가 나의 것을 도둑질하였으므로 너희가 저주를 받았느니라"(말 3:8-9).

십일조를 드리지 않으면 하나님의 것을 빼앗는 것이라고 성경은 말합니다. 나는 하나님의 돈으로 신용카드대금을 지불하고 있다는 것을 기억하십시오.

7) 십일조 생활은 하나님께서 <u>살아</u> 계신 것과 나를 축복하기 원하시는 것을 증명할 수 있도록 하나님께 기회를 드리기 때문입니다.

"너희의 온전한 십일조를 창고에 들여 나의 집에 양식이 있게 하고 그것으로 <u>나를 시험하여 내가 하늘 문을 열고 너희에게 복을 쌓을 곳이 없도록 붓지 아니하나</u> 보라 만군의 여호와가 이르노라 내가 너희를 위하여 메뚜기를 금하여 너희 토지 소산을 먹어 없애지 못하게 하며 너희 밭의 포도나무 열매가 기한 전에 떨어지지 않게 하리니"(말 3:10-11).

'나를 시험하여 내가 하늘 문을 열고 너희에게 복을 쌓을 곳이 없도록 붓지 아니하나 보라'에 밑줄 치십시오. 이것은 성경 속에 등장하는 약속들 가운데서도 가장 놀라운 사실 중 하나입니다. 더 많은 복을 허락하실 뿐만 아니라 이미 내가 가지고 있는 것들까지도 보호해 주시겠다고 약속하십니다.

"나를 시험해 보라", "나의 존재를 시험해 볼 방법을 알려 주마. 십일조를 하여라", "나를 시험해 보라. 그리고 약속과 관련해서 내가 맺은 그 약속의 성취를 지켜보라"고 도전하십니다. 하나님께서 살아 계신다는 것을 확실히 알 수 있을 것입니다.

8) 십일조 생활은 내가 하나님을 진실로 <u>사랑</u>하는 것을 증명하기 때문입니다.

(예수님) "너희가 나를 사랑하면 나의 계명을 지키리라"(요 14:15).

이 말씀은 성경 전체에 일관되게 반복되고 있습니다. 어떤 사람들은 십일조는 구약 시대에 세워진 율법이라고 말하지만 사실 그렇지 않습니다. 십일조는 모세가 율법을 받기 그 이전에 이미 존재했던 원리(principle)입니다. 하나님은 맨 처음부터 십일조를 정하셨습니다. 아브라함이 십일조를 드린 것은 모세가 태어나기 400년 전의 일이었습니다. 유대 민족의 법률도 아닙니다. 유대 나라가 이스라엘이 되기 그 이전에 존재한 생활 속의 원리였습니다.

"여러분이 믿음과 말과 지식과 열심과 우리를 사랑하는 이 모든 일에 풍성한 것처럼 헌금하는 이 은혜로운 일에도 그렇게 해 주십시오. 내가 이것을 명령하는 것이 아닙니다. 다만 다른 사람들의 열심과 비교하여 여러분의 <u>사랑이 얼마나 진실한가</u>를 알아보려는 것뿐입니다"(고후 8:7-8, 현대).

'사랑이 얼마나 진실한가'에 밑줄 치십시오. 우리의 사랑을 무엇으로 표현하겠습니까? 우리가 말과 혀로만 아니고 행동으로 주님을 사랑

하윤 "형성된 습관의 특징"금이 한 방법이 될 수 있습니다. 왜 하나님은 금 생각을 심으면 행동을 낳고, 행동을 심으면 습관을 낳고, 습관을 택하 심으면 성품을 낳고, 성품을 심으면 운명을 낳는다. 돈과 관련되어 있기 때문입니다. 가장 많은 시간을 들여 돈을 벌고, 저축하고, 나누어 나눠, 사용하셔요일을 할 알 다 잠이 다아 어주었습니다. 사람적의 말 행택되었습니다 누구인지 곰곰이 생각해 보시기 바랍니다.

3. 십일조는 어떻게 드려야 합니까?

참고 : 나는 두구일까요?

1) 어떤 부분을 드려야 합니까?
나는 항상 당신과 함께합니다.
나는 저적으로 당신의 명령에 따릅니다
내가 수입을 번 것이 쓰고 남은 부분이 아닌, 첫 번째 부분을 드립니다!
나는 쉽게 관리할 수 있습니다.
나는 모든 위대한 사람들의 하인이고,
또한 모든 실패한 사람들의 하인입니다.
"네 재물과 네 소산물의 처음 익은 열매로 여호와를 공경하라"(잠 3:9)
당신은 나를 이용해 이익을 얻을 수도 있고 망해 버릴 수도 있습니다.

성경은 쓰고 남은 것이 아니라 쓰기 이전의 첫 번째 것을 드리라고 분명히 말하고 있습니다. 그 이유는 하나님 가지고 있는 모든 것의 참된 주인을 하나님이시기 때문입니다. 가축의 첫 새끼, 밭에서 나는 첫 열매를 드리는 것은 하나님의 주권을 인정하는 고백적인 행위입니다.
나를 택해 주세요. 나를 길들여 주세요. 엄격하게 대해 주세요.
그러면 세계를 제패하게 해 주겠습니다.
나를 너무 쉽게 대하면 당신을 파괴할지도 모릅니다.
나는 누구일까요?

"성공하는 10대들의 7가지 습관, 숀 코비, 김영사"

구약성경이 기록된 시대는 처음 열매를 맺고 나서 다음 열매를 맺는다는 보장이 없는 시대였습니다. 따라서 첫 열매를 드릴 때 대단한 믿음이 버릇으로 굳어진 행동 이번으로 다시 열매가 맺지 못할 수도 있다는 두려움이 누구에게나 있는 것이 사실입니다. 그러나 성경은 믿음을 필요합니다. 여러분이 늘 반복하는 어떤 것을 지칭하는 말입니다.

사실 우리 인간은 습관의 덩어리입니다. 여러분의 인생을 가만히 들여다 보시면 여러분이 행하는 일들의 대부분이 습관에 의한 것임을 알게 될 것입니다. 아침에 일어나면 습관적으로 양치질을 하고, 남자의 경우는 습관적으로 면도를 합니다. 면도할 때도 열 번에 아홉 번은 오른쪽 혹은 왼쪽, 동일한 방향에서 면도를 시작할 것입니다. 샤워할 때도 오른쪽 팔이라든가 혹은 왼발이라든가 늘 시작하

> **새들백 이야기 :**
>
> 릭 워렌 목사는 다음과 같이 간증한다. "케이와 저는 결혼하자마자 '우리의 모든 것은 하나님의 것'이라는 사실'에 합의하고 수입이 들어오면 십일조부터 가장 먼저 떼어내기로 결심했습니다. 이 결심은 지금까지 지켜 오고 있으며 하나님은 신실하셨습니다. 우리는 원하는 모든 것들을 항상 소유하며 살지는 않았지만 신실하신 그분은 우리들에게 필요한 것을 항상 채워 주셨습니다. 교회를 시작하고자 새들백으로 이사 왔을 때 저희에게는 땅도 없었습니다. 그러나 저희는 믿음으로 이곳으로 왔습니다. 물론 돈도 없었습니다. 처음 이곳으로 왔던 그날 밤에 저희들은 모텔에 들어갈 돈이 없어 친구들과 함께 밤을 새웠습니다. 그 후 오늘날까지 하나님은 우리의 공급자가 되셨습니다."

'십일조'와 '헌금'의 차이점
① '십일조'는 나의 수입의 첫 번째 10퍼센트를 드리는 것입니다.
② '헌금'은 십일조에 더해서 드리는 것입니다.

구약성경에서 십일조에 대한 말씀이 율법에만 나타난다고 많이들 알고 있지만, 율법이 나타나기 전에 이미 아브라함은 전리품의 10퍼센트를 살렘 왕 멜기세덱에게 십일조로 드렸습니다. 아브라함은 율법에 의해서 드린 것이 아니라 하나님과의 언약관계 때문에, 즉 신뢰관계에 의해서 드린 것입니다. 십일조는 하나님과 사람 사이의 언약관계 속에서 이루어지는 것입니다.

그리고 율법에서 발견되는 각종 제사들은 헌금으로 이해할 수도 있습니다. 우리 교회도 십일조 이외에도 하나님께서 특별히 감사의 마음을 주실 때 감사헌금을 드리면서 자신의 삶에서 하나님을 기억하는 성도들이 많습니다. 그리고 특별한 목적을 가지고 헌금을 하기도 합니다. 우리가 가진 모든 것이 하나님께로부터 왔다는 믿음이 없이는 불가능한 일입니다. 모든 것이 하나님과의 관계 속에서 경험되어야 합니다. 하나님은 헌금을 강요하시는 분이 아니라는 것을 알아야 합니다.

> **참고 : 3Ps**
> 성경은 모든 상황마다 어떻게 해야 하는지를 정확하게 말해 주지 않지만 핵심 원칙들을 명백히 밝히고 있다. 이 원칙들은 당신이 좋은 결정을 내리고 건실한 계획을 세우는 데 도움을 준다.
> ① 맨 먼저 드리는 헌금(Priority giving)
> ② 버는 만큼 드리는 헌금(Percentage giving)
> ③ 점점 더 드리는 헌금(Progressive giving)
> ④ (네 번째 P)특별히 더 드리는 헌금(Prompted giving)
>
> 『헌금의 기쁨』 앤디 스탠리, 사랑플러스, pp. 101-114.

2) 어디에 드려야 합니까?

내가 <u>예배</u>드리는 곳에 드려야 합니다.

"너희는 온전한 십일조를 성전에 바쳐…"(말 3:10, 현대).

십일조는 여러분 각자가 예배드리는 그 교회에 드리십시오. YMCA에 기부하고 계십니까? 참으로 훌륭한 일이고 우리들이 해야 할 일이긴 하지만 십일조가 아닙니다. YMCA에 기부했으므로 십일조를 하지 않아도 된다는 생각은 스스로를 속이는 일입니다. 교회 밖의 여러 선교단체들을 후원하는 일은 참으로 선한 일인 것은 분명하지만 십일조는 아닙니다. 성경은 네 십일조를 성전에 바치라고 분명히 가르칩니다.

3) 언제 드려야 합니까?

① <u>매달</u> 혹은 <u>매주</u> 드립니다.
② 한 주간의 첫날인 <u>주일</u>에 드립니다.

매주일의 첫날이 무슨 요일입니까? 일요일, 주일입니다. 주일에는 무엇을 합니까? 교회에 가서 예배드립니다. 바로 십일조를 드리는 때입니다. 교회가 나의 십일조를 드릴 곳입니다.

서, 제 2"매주의 첫날에) 여러분에서, 수입 오십에 쉬은 것에 번 일 마를 관 별해서
의 시간헌금으로 드리십시오. 금액완 주님께서 여러분에 갤수 있는 며 월
어떻게 만 큼 많이 주예 주셨던자를 파악면 됩니다"(고전 16:2, LB번역).

마지막으로 좋은 습관을 시작하고 지속하는 방법에 관한 다섯 가지의
공식 매주의 첫날에 마땅할 말 씀입니다. 하십사오들 언 명일 영 에 마 생 분
만이 한 달에 여러분 월 일 모든 기억에 한 땐 에 한 얼사섭할 도 싫을 때
사용할 것입니다. 바울은 매주일을 언급하고 있기 때문에 우리
는 매주마다 드릴 필요가 있습니다. 한 주가 시작되는 첫날에 내 돈
의 첫 부분을 주님께 드리면서 주님의 명령을 기억하는 것입니다.
하나님은 우리가 한 달에 한 번 드리는 것보다 더 자주 하나님께 드
리며 기억하기 원하십니다. 더 많은 액수의 십일조를 드려야 한다는
말이 아닙니다. 한 달 월급에 대한 십일조를 계산해서 그것을 4주로
나누라는 것입니다. 만일 여러분이 한 달에 200만 원을 번다면 20
만 원을 헌금하는 대신에 5만 원을 네 번 드리면 됩니다. 이렇게 하
면 매주 기억할 수 있습니다.

어떤 분들은 부동산 중개업을 하시는데, 이러한 종류의 일은 한
번 큰 거래가 있고 나면 다음 서너 달 동안은 거래가 전혀 없을 수
도 있습니다. 그래서 이들은 큰 거래가 한 번 성사되고 나면 그 거
래에 대한 십일조를 떼서 통장에 넣어 두고 '5주가 지나기 전에는
거래가 있겠지'라는 나름대로의 추측을 합니다. 그리고 다음 5주 동
안 통장에 넣어 둔 십일조를 다섯으로 나누어 매주 십일조를 드릴
수 있습니다. 이것이 바로 매주 십일조를 드리라는 주님의 명령을
기억하는 방법입니다.

③ 십일조 드리는 것을 기억하는 방법
- 개인이나 가족을 위한 가계부의 첫 항목을 '십일조'로 삼으십시오.

십일조를 하지 않은 이유 중 가장 흔한 대답이 깜박했다는 것입니
다. 그런 분들에게 한 가지 방법을 제시합니다. 작은 노트 하나를
구입해서 여러 가지 항목들로 분류한 가계부를 만듭니다. 계정 #1
에는 십일조, 계정 #2에는 헌금, 즉 월드비전, 컴패션, YMCA 등에

제 1 장
첫 번째 습관 : 교제

 — 자녀들에게 십일조를 가르치십시오.

어려서 10퍼센트를 떼어놓는 어떤 사람들의 습관과 같이 성경 말고 가지 방법을 제시하여 그날이 가까움을 볼수록 더욱 그리하자 (히 10:25). 나머지 하나는 '지출'이라고 기록합니다. 아이에게 1,000원의 돈이 생기면 400원은 저축, 300원은 헌금, 300원은 지출 상자에 보관하게 하는 것입니다. 아직 어려서 자신이 수입의 3분의 1을 십일조로 드려야 한다는 사실을 알지 못합니다. 그러나 '돈이 있다고 해서 그 돈 전부를 내 마음대로 다 쓸 수 있는 것이 아니다'라는 사실을 시각적으로 교육시키는 것입니다. 일부는 하나님께, 또 다른 일부는 저축해야 한다는 것을 가르치기 위해서입니다.

성경은 헌금의 양보다 바른 자세가 훨씬 더 중요하다고 말합니다. 이것이 하나님께서 십일조를 만드신 이유입니다. "모두 똑같이 일주일에 5만 원을 십일조로 바치라"고 하실 수도 있었을 텐데 하나님은 그렇게 말씀하지 않으셨습니다. 일주일 동안에 50만 원을 벌 수 있는 사람도 있고, 그렇지 못한 사람도 있습니다. 하나님께서 금액을 정하셨다면 참으로 공정하지 못한 처사가 되지 않았겠습니까?

4. 헌금을 드리는 바른 자세는 어떠해야 합니까?

1) 자원하는 <u>마음으로</u> 드려야 합니다.

> "기쁜 마음으로 각자의 형편에 맞게 바치면, 하나님께서는 그것을 기쁘게 받으실 것입니다. 하나님께서는 없는 것까지 바치는 것을 바라지 않으십니다"(고후 8:12, 새번역).

바른 태도로 헌금하십시오. 하나님은 돈의 많고 적음이 아니라 나의 태도를 보십니다. 하나님은 헌금의 액수에는 별로 관심이 없으십니다. 그 대신 하나님께 드리는 돈과 내가 사용하는 돈의 비율을 보십니다. 고린도후서 9:7에 이렇게 말씀하고 있습니다.

> "각각 그 마음에 정한 대로 할 것이요 인색함으로나 억지로 하지 말지니"(고후 9:7 상).

목사로서 여러분들의 죄책감을 덜어드리고자 "억지로는 하지 마십시오"라고 말하고 싶습니다. 억지로 하지 말라는 것은 성경의 가르침입니다. 하나님은 즐겨 내는 자를 사랑하십니다. 헌금에 부담을 느낀다면 "목사님이 억지로는 하지 말라고 가르치셨어"라고 말해도 좋습니다. 왜냐하면 억지로 내는 헌금은 하나님이 원하시는 바가 아니라고 성경이 가르치기 때문입니다. 교회가 돈이 필요하기 때문에 헌금하는 것이 아닙니다. 여러분의 헌금은 교회의 필요와 상관없이 하나님의 명령에 근거합니다. 헌금은 교회를 위해서 내는 것이 아닙니다. 여러분 자신의 유익을 위한 것입니다.

2) <u>기뻐하는 마음으로</u> 드려야 합니다.

> "하나님은 즐겨 내는 자를 사랑하시느니라"(고후 9:7 하).

"하나님은 기쁜 마음으로 드리는 헌금을 사랑하신다. 그러나 투덜대는 사람의 헌금도 역시 받으신다"라는 말이 있습니다. '즐겨 내는'에 해당하는 헬라어 단어는 영어의 'hilarious'(들뜬, 명랑한, 들떠서 떠드는)라는 말의 어원이 됩니다. 신약 교회에서 사람들은 기뻐하며 즐겁게 드렸습니다. 그러나 현대 교회에 와서는 그 기쁨이 사라졌습니다. 만약에 여러분이 즐겁게 드릴 수 없거든 차라리 드리지 마십시오. 기쁨으로 드리지 못하는 헌금은 하나님께 아무것도 아니기 때문입니다. 만일 십일조를 기쁨으로 드릴 수 없거든 여러분의 태도를 바로잡고자 부단히 힘쓰시기 바랍니다. 하나님은 여러분의 태도를 보십니다.

신용카드 대금과 각종 지불 청구서들이 쌓여 있는 상황에서도 기쁨으로 드릴 수 있습니까? 헌금의 기쁨을 잃어버릴 때면 저는 기쁨으로 드리는 헌금의 유익을 다시 한 번 되짚어 봅니다. 헌금은 하나님과 나를 보다 가깝게 만들어 주며, 하나님을 더 많이 닮게 해 주며, 물질주의와 이기주의를 극복하고 승리하는 길이며, 나의 믿음을 견고히 하며, 영원을 위한 투자입니다. 그리고 헌금 때문에 또 다른 축복을 누릴 수 있으며 또 헌금 때문에 마음이 즐거워집니다. 이러한 유익을 생각할 때면 저는 행복해집니다. 즐겁게 드리는 헌금의 유익을 생각하기 시작하면 즐겁게 낼 수 있는 능력도 동시에 솟아납니다.

> "이런 내적 싸움이 내가 고정된 비율로 헌금하는 것을 막지는 못했지만, 헌금할 때의 기쁨을 빼앗은 것은 분명하다. 내가 주저하는 이유를 분석해 본 결과, '탐욕'은 아니었다. 그것은 '두려움'의 문제였다."
> 『헌금의 기쁨』사랑플러스, p. 11

3) <u>희생적</u>으로 드려야 합니다.

"나는 그들이 힘껏 헌금했을 뿐만 아니라 오히려 힘에 겹도록 헌금했다고 자신 있게 말할 수 있습니다. 그들은 예루살렘에 있는 성도들을 돕는 일에 참여하게 해 달라고 우리에게 여러 차례 부탁했습니다"(고후 8:3-4, 현대).

정말 놀라운 교회의 모습입니다. 바울은 성도들이 드리기를 부탁했다고 생각합니다만, 그러한 대답을 하는 사람들이 그리스도와 관계를 맺는다는 의미를 어떻게 이해하고 있는지 확실하지 않습니다. 예수 그리스도의 교회와 그 장녀들과 함께하지 않고서는 예수 그리스도와 관계를 지속할 수 없습니다. 사람은 아무도 되는 것이 만일 하나님께서 미리 정하신 뜻입니다. 축복을 받기를 원한다면 드려야 합니다. 당시에 그분의 말씀에 순종해야 한다는 사람들이 있습니다. 그분들에게 이런 질문을 던질 수 있습니다. "당신의 몸이 아프고 병들었을 때 그 눈에 보이지 않는 목사와 장로들이 당신을 찾아옵니까?"

신약성경에는 '교회'라는 단어가 약 100-104회 사용되었는데, 지역을 근거로 모인 성도들의 모임'이란 의미로 사용된 경우가 98회입니다. 성경은 눈에 보이지 않는 천상의 교회가 아니라 지역을 근거로 서로 모여 한 가족을 이루는 성도들의 모임, 즉 이 땅 위에 현실로 존재하는 지역 교회를 강조합니다.

2. 당신은 영적으로 성장하기 위해 격려가 필요합니다.

'서로 돌아보아 사랑과 선행을 격려하며'(히 10:24)

'서로 돌아보아(encourage one another)'에 밑줄 치십시오. 우리가 삶 가운데 형제자매로 해야 할 일이 있습니다. 그중 하나는 하나님이 기뻐하실 일을 행하도록 서로를 격려하기 위해 부속 방을 하며, 어떤 일을 할 것인가를

인도자를 위한 팁

여러분 교회의 성도들 중에 십일조에 관한 간증이 있다면, 미리 준비해 두었다가 사용해도 좋을 것이다. 새들백 교회는 다음과 같은 간증이 넘쳐난다.

"나는 올해 십일조를 드리겠다고 사인했습니다. 어떻게 그런 일이 일어날 수 있는지 알 수 없지만, 사인을 한 다음 금요일에 보속가

1) 영적 파트너

우리는 모두 영적 파트너가 필요합니다. 영적 파트너는 서로의 영적

더 많은 새로운 임자님들 얻게 되었습니다. 하나님을 찬양합니다!"
지속적으로 진솔되로 적어 정리해 주고, 믿어주는 격려가 됩니다.
성도들의 헌금생활과 그에 따른 감사의 제목들을 세밀하게 관찰해서 다른 성도들을 격려하는 데 사용하라.

5. 헌금의 비결이 있다면 무엇입니까?

헌금의 비결은 고린도후서 8:5에 잘 나와 있습니다.

> **인도자를 위한 팁**
>
> "…먼저 자신을 주께 드리고…"(고후 8:5).
> 이 부분을 인도할 때 전도서 4:9-12 말씀과 함께 가족, 친구와 함께했을 때 힘이 되었던 이야기를 하나 준비해서 개인적으로 간략하게 나눠도 좋다.

참 중요한 말씀입니다. 하나님이 내 주인이시라면 내 지갑 역시 하나님의 것안 줄을 믿을 것입니다. 하나님의 소유가 되지 못했다면 내 지갑 역시 하나님의 소유가 아닙니다. 우리는 먼저 '자신'을 주님께 드려야 합니다.

6. 헌신의 기도

> **인도자를 위한 팁**
>
> 참가자들은 201과정 마지막에 나와 있는 '나의 성숙 서약'에 다시 서명하고 헌신할 것이다. 헌금과 십일조 생활에 대한 설명을 들었고, 충분히 이해했다는 것을 개인적으로 다짐하는 시간으로 이 부분을 활용하라.

"두 사람이 한 사람보다 나음은 그들이 수고함으로 좋은 상을 얻을 것임이라 혹시 그들이 넘어지면 하나가 그 동무를 붙들어 일으키려니와 홀로 있어 넘어지고 붙들어 일으킬 자가 없는 자에게는 화가 있으리라 또 두 사람이 함께 누우면 따뜻하거니와 한 사람이면 어찌 따뜻하랴 한 사람이면 패하겠거니와 두 사람이면 맞설 수 있나니 세 겹줄은 쉽게 끊어지지 아니하느니라"(전 4:9-12).

"철이 철을 날카롭게 하는 것 같이 사람이 그의 친구의 얼굴을 빛나게 하느니라"(잠 27:17).

이제 헌신의 기도를 드리겠습니다. 기도할 때 저를 따라해 주시기 바랍니다. 그 누구도 홀로 있을 수 없습니다. 그 누구도 외딴섬이 아닙니다. 바다 위에 떠 있는 섬들도 심해에서 모두 연결되어 있습니다. '홀로'가 아니라 '서로'가 되어야 합니다. 서로의 영성을 위해서 서로 섬기는 관계가 우리에게 꼭 필요합니다.

"하나님 아버지, 아버지께서 저를 사랑하시며 제가 최선의 삶을 살기 원하시니 감사드립니다. 제가 가진 모든 것과 앞으로 가질 모든 것이 다 아버지께서 주시는 것임을 고백합니다. 저는 더 많이 소유하는 것보다 아버지의 기쁨이 되기를 원합니다. 아버지께서 제 삶의 첫째가 되시기를 원합니다. 아버지께서 명하신 대로 지금부터 십일조 생활을 시작하려고 합니다. 저를 위해 베푸신 모든 것으로 인해 감사드리고, 앞으로도 제게 필요한 모든 것을 채워주실 것으로 믿으며, 제가 버는 모든 것 중에 적어도 첫 번째 십 퍼센트를 아버지께 돌려 드리기로 결심합니다. 이제부터 영원의 세계를 위한 투자를 시작하겠습니다. 이 헌신이 계속 충성스럽게 이어지도록 도와주옵소서. 예수님의 이름으로 기도드립니다. 아멘."

이름＿＿＿＿＿＿＿＿＿＿ 날짜＿＿＿＿＿＿년＿＿＿월＿＿＿일

인도자를 위한 팁

3장은 그 분량이 앞의 두 과를 합한 것보다 많으므로 1부와 2부로 나누어져 있다. 따라서 201과정을 각 장별로 여러 주에 나누어 진행할 경우 인도자는 3장을 2주에 나누어서 진행하는 것이 좋다.

제 3 장
세 번째 습관 : 경건의 시간

3장은 우리의 영적 성장에 있어서 가장 중요한 장이다. 따라서 가장 많은 분량을 차지하고 있다. 그리고 약간의 기술적인 면이 포함되어 있다. 그 내용은 다음과 같다.

I. 매일 경건의 시간을 갖는 습관
II. 제1부 : 기도 – 하나님과의 대화
III. 제2부 : 성경말씀을 붙잡는 방법
IV. 매일 경건의 시간을 갖는 방법

경건의 시간은 크게 우리가 하나님께 아뢰는 '기도'와 하나님께서 우리에게 말씀하시는 '성경말씀'으로 구성되어 있다. 따라서 3장에서는 경건의 시간의 핵심을 이루는 기도와 성경말씀 묵상법을 기본으로 경건의 시간 전반에 대해서 다루게 될 것이다. 비슷한 내용이 반복되어 나오더라도 중요한 내용이기 때문에 정확히 전달해야 한다.

"자유롭게 하는 온전한 율법을 들여다보고 있는 자는 듣고 잊어버리는 자가 아니요 실천하는 자니 이 사람은 그 행하는 일에 복을 받으리라"(약 1:25).

I. 매일 경건의 시간을 갖는 습관

1. 왜 매일 경건의 시간을 가져야 합니까?

1) 우리는 하나님과 교제하도록 지음 받았기 때문입니다.

"하나님이 자기 형상 곧 하나님의 형상대로 사람을 창조하시되 남자와 여자를 창조하시고"(창 1:27).

피조물 중 인간만이 유일하게 하나님과 교제하고 대화하며 교감할 수 있는 축복을 받았습니다. 이외에 어떤 피조물도 누리지 못하는 특권입니다. 하나님께서 우리를 창조하신 목적이기도 합니다.

우리는 '홀로'가 아니라 '서로'의 존재입니다. 그렇기 때문에 서로의 관계를 명하셨습니다. 서로 사랑하라. 서로 헌신하라. 서로 존경하라. 서로 가르치라. 서로 순종하라. 서로 격려하라 등. 성경은 우리의 교제와 함께 모이기를 힘쓰라고 권면합니다.

하나님께서는 인간의 중보들과 교제하고 나누기를 원하십니다. 우리와 친구가 되고 싶으신 하나님은 '내가 문 밖에 서서 두드리노니'라고 말씀하셨습니다. 인간이 그의 형상대로 창조된 이유입니다.

2) 예수님은 우리가 하나님과 교제할 수 있는 길을 열기 위해 죽으셨기 때문입니다.

"너희를 불러 그의 아들 예수 그리스도 우리 주와 더불어 교제하게 하시는 하나님은 미쁘시도다"(고전 1:9).

II. 어떻게 하면 지체들이 서로 가까운 관계로 지낼 수 있습니까?

1. 모든 성도들이 소그룹에 참여해야 합니다.

> **인도자를 위한 팁 — 소그룹 사역**
>
> 새들백 교회는 약 3천 개의 소그룹이 있다. 우리가 지금 공부하는 <몸짓을 이끄는 양육>에서는 101부터 401까지 계속 소그룹에 대해서 강조를 하고 있다. 새들백 교회에서 소그룹 리더가 되기 위해서는 101부터 401과정을 이수해야 하고, 이후에 입도자 과정을 마쳐야 한다. 『새들백 교회 이야기』(p.36)를 참고하라.

2. 교회 모임의 두 가지 유형

> **인도자를 위한 팁**
>
> 여러분이 섬기는 교회의 규모가 어떠하든지 '대그룹과 소그룹'의 조화는 중요하다. 규모가 큰 교회에서는 성도의 교제를 밀접하게 하기 위해서 소그룹이 더욱 필요하다. 모든 교인들은 소그룹의 일원이 될 필요가 있다.

경건의 시간은 '선택'의 문제가 아닙니다. '필수과목'이라고 말하는 편이 옳습니다. 다음의 성경구절은 경건의 시간이 왜 꼭 필요한지를 이야기해 줍니다.

"사람이 떡으로만 살 것이 아니요 하나님의 입으로부터 나오는 모든 말씀으로 살 것이라 하였느니라"(마 4:4).

음식을 먹어야 우리의 육체가 건강을 유지하는 것과 마찬가지로 우리의 영혼은 하나님의 말씀을 먹어야지만 건강을 유지합니다. 오랜 시간 동안 음식을 섭취하지 않으면 당신의 몸에 어떤 일이 일어납니까? 병들게 되고 결국에는 죽게 될 것입니다. 죽지 않으려면 음식을 먹어야만 합니다. 우리의 영혼 또한 마찬가지입니다. 건강해지기를 원하십니까? 하나님의 말씀을 드십시오.

"청년이 <u>무엇으로 그의 행실을 깨끗하게 하리이까</u> 주의 말씀만 지킬 따름이니이다"(시 119:9).

'무엇으로 그의 행실을 깨끗하게 하리이까'에 밑줄 치십시오. 시편 기자는 행실을 깨끗하게 하기 위해서는 주의 말씀을 따라야 한다고 가르칩니다. 조용한 시간에 하나님을 홀로 만나는 것은 영적인 목욕이라고 말할 수 있습니다. 우리가 저지르고 쌓아 둔 모든 죄들로부터 깨끗하게 되는 시간이 경건의 시간입니다.

경건의 시간을 가지지 않는다면 큰 특권을 포기하는 것과 같습니다. 예수 그리스도의 죽음을 헛되게 만드는 것입니다.

예수님은 하나님과 우리의 교제가 회복되기를 소망하시며 십자가의 죽음을 감당하셨습니다. 예수의 성품을 닮아가지 못한다면 예수의 능력도 갖지 못하고 하나님께 크게 쓰임 받지도 못할 것입니다. 그저 병약한 그리스도인으로 살아갈 것입니다.

2. 매일 경건의 시간을 갖는 목적은 무엇입니까?

1) 하나님께 개인적으로 예배드리기 위함입니다.

> "여호와께 그의 이름에 합당한 영광을 돌리며 거룩한 옷을 입고 여호와께 예배할지어다"(시 29:2).

'예배할지어다'에 밑줄 치십시오. 경건의 시간을 가지는 첫 번째 목적은 하나님께 무엇인가를 얻으려는 것이 아니라, 내가 그분에게 나아가 사랑과 감사와 찬양을 드리려는 것입니다. 이렇게 시작하십시오.
"예수님, 사랑합니다. 저의 전 생애를 드리기 원합니다. 저는 당신의 것입니다. 저를 위해 행하신 그 모든 일들에 대해 참으로 감사드립니다. 경배드립니다."

> "(히스기야)그가 행하는 모든 일 곧 하나님의 전에 수종드는 일이나 율법이나 계명이나 그의 하나님을 찾고 한 마음으로 행하여 형통하였더라"(대하 31:21).

하나님께 나아갈 때는 그때가 아침이든 오후이든 관계없이 하나님께 먼저 헌신하십시오. "하나님, 사랑합니다"라고 먼저 고백하십시오. 그분은 우리의 헌신을 받으시기에 합당한 분이십니다.

① 하나님께서는 우리의 예배를 받으시기에 합당하신 분이십니다(계 4:11).
② 하나님께서는 우리의 예배를 원하십니다(요 4:23).

그분은 예배자를 찾으십니다. 부부는 서로의 사랑을 알고 있습니다. 아내는 남편의 사랑을, 남편은 아내의 사랑을 알고 있지만 가끔은 '사랑한다'라는 말을 직접 듣기 원합니다. 하나님 역시 다르지 않습니다. 사람의 마음과 생각을 아시는 그분은 당신의 사랑을 알고 계십니다. 그러나 우리 인간들처럼 그분 역시 듣기를 원하십니다.

2점에서 떡을 떼며 기쁨과 순전한 마음으로 음식을 먹고"(행 2:46).

'음식을'에 밑줄 치십시오. 함께 식사하십시오. "저는 요즘에 너무 바빠서 함께 먹었던 때가 언제인지 기억조차 잘 안 납니까?" 자신의 삶에 관해 깊이 생각하십시오. 다음 성경말씀을 붙들면서 같이 기도하십시오.

인도자를 위한 팁

《목적이 이끄는 양육》과정 후에는 모든 참가자들이 함께 식사를 나누면서 풍성한 교제의 시간을 가지는 것이 좋다. 강의하는 시간을 넘어서 잠시라도 삶을 나누는 시간을 가지도록 하라. 릭 워렌 목사는 가능한 주일에 성찬을 레스토랑에 만들어 사택에 사람들을 초청해서 간단한 차와 간식을 나누며 교제하는 시간을 가진다.

① 나의 앞길을 살핍니다.

"여호와여 주의 도를 내게 보이시고 주의 길을 내게 가르치소서"(시 25:4).

"힘쓰라에 밑줄 치십시오. 오늘날 우리는 피자를 주문하거나 레스토랑에 가는 것으로 대신합니다. 들에다 빠지지 않은 일이 없습니다. 가정법으로 사람에 들을 행하여 맡겨라 그리하면 너의 경영하는 것이 이루리라"(잠 3:6)에 밑줄 치십시오. 삶의 우선순위를 정하십시오. 교제하는 동반자와 함께 맞춰 있으면서 서로 발맞춰 움직이게 주님께 맞춰야 합니다.

3. 예배 : 예배에 대한 깊은 이해를 바탕으로 예배하는 것입니다.

"네 길을 여호와께 맡기라 그를 의지하면 그가 이루시고"(시 37:5)성찬을 나누고 기도하는 일에 전적으로 힘썼다"(행 2:42, 현대인의성경).

'맡기라'에 밑줄 치십시오. 사랑을 고백하고 목표를 점검하셨습니까? "하나님을 찬미하며 또 온 백성에게 칭송을 받으니"(행 2:47)게 기도할 수 있습니다. "하나님, 저는 오늘 이러이러한 일을 하려고 합니다. 기도하렵니다. 이것은 저의 계획일 뿐이며 당신이 더 좋은 계획을 가지고 계시다면 그것을 따를 것이며 당신의 뜻대로 행하시옵소서.

러한 사람을 만나고 이야기를 나눌 예정입니다. 그러나 이건 예정일 뿐. 실제로 오늘 제가 만나게 될 사람이 누구인지는 하나님만이 알고 계십니다."

그러나 맡긴다는 것은 더 이상 신경 쓰지 않고 떠맡기는 것이 아닙니다. 우리가 하나님 앞에 그 '결정권'을 드리는 것입니다. 그리고 하나님께서 이끌어 주시는 대로 온 힘을 다해 열심히 산다는 것을 말합니다.

이렇게 하루의 스케줄을 그분께 내려놓으면 계획대로 일이 돌아가지 않을 때보다 유연하게 대처할 수 있으며 제자리를 지킬 수 있습니다.

3) 하나님 안에서 기쁨을 얻기 위함입니다.

"또 여호와를 기뻐하라 그가 네 마음의 소원을 이루어 주시리로다" (시 37:4).

"주께서 생명의 길을 내게 보이시리니 주의 앞에는 충만한 기쁨이 있고 주의 오른쪽에는 영원한 즐거움이 있나이다"(시 16:11).

'여호와를 기뻐하라', '주의 앞에는 충만한 기쁨이 있고'에 밑줄 치십시오. 우리 기쁨의 근원은 하나님의 임재에 있습니다. 여러분들은 하나님의 임재를 맛보는 기쁨이 있습니까? '얼마나 많은 시간을 그분과 함께하는가?' 잠깐 멈추어 서서 생각해 보십시오.

"내가 그리스도를 더 잘 알면 알수록,
그분을 더욱 더 사랑하게 됩니다!"

미국의 한 광고에 이러한 문구가 있었습니다. "가까이 보면 그녀는 더 아름답다." 하나님 역시 마찬가지입니다. 그분에게 더 가까이 갈수록 그분이 더 멋있어 보이고 그분을 더 사랑하게 됩니다.

경건의 시간을 가지는 목적은 그리스도에 관해서 공부하는 것이 아니라, 실제로 주님과 함께 시간을 보내는 것입니다. 성경공부 시간과 경건의 시간은 다릅니다. 그분에 관한 연구는 성경공부 시간에 하시고, 경건의 시간에는 그저 그분과 함께 시간을 보내십시오.

4) 하나님을 닮아 성품이 성장하기 위함입니다.

"(하나님은) 귀중하고 아주 위대한 약속들을 우리에게 주셨습니다. 그것은 이 약속들로 말미암아 여러분이…하나님의 성품에 참여하는 사람이 되게 하시려는 것입니다"(벧후 1:4, 새번역).

'하나님의 성품에 참여하는 사람'에 밑줄 치십시오. 우리의 삶을 향한 하나님의 목적은 우리가 그분의 아들 예수님처럼 되는 것입니다. 이 목적과 하나님의 영광을 위해 그분께서는 우리 삶의 모든 것들을 사용하십니다. 따라서 하나님께 나아가 그분과 함께 고요한 시간을 나눌 때, 우리는 그 시간만큼 그분을 닮아가며, 그 시간만큼 그분의 형상으로 변화됩니다. 우리는 함께 시간을 나누는 사람을 닮아가기 때문입니다.

드라마 속의 누군가를 닮기 원하십니까? 열심히 그 드라마를 시청하십시오. 주 예수님을 닮기 원하십니까? 그분과 함께하십시오.

"그들이 베드로와 요한이 담대하게 말함을 보고 그들을 본래 학문 없는 범인으로 알았다가 이상히 여기며 또 전에 예수와 함께 있던 줄도 알고"(행 4:13).

'예수와 함께 있던 줄도 알고'에 밑줄 치십시오. 앞서 말씀드린 것처럼 예수님은 하나님과 우리의 관계회복을 위해 죽으셨습니다. 그 관계의 회복으로 인해서 제자들이 변할 수 있었습니다. 제자들은 예수님과 많은 시간을 함께 대화하며 보냈습니다.

우리도 예수님과 관계를 가질 수 있습니다. 그 관계에는 기도가 포함됩니다. 그럼에도 많은 사람들이 기도 시간을 재미없고 지루하고 피

하고 싶은 시간으로 생각합니다.

어떻게 하면 기도생활에 생명을 불어넣을 수 있습니까? 이제부터 하나님과 교제할 때 꼭 필요한 기도에 대해서 알아보겠습니다.

II. 제1부 : 기도 – 하나님과의 대화
주님께서 가르쳐 주신 기도의 모델 – 6P

인도자를 위한 팁 | **기도의 바른 태도**

주기도문을 통해서 6가지 기도의 모델을 살펴볼 것이다. 주기도문이 기도 모델을 다루었다면 마태복음 6:5~8은 기도의 태도를 설명해 주고 있다.

1. 진실한 자세로 기도하라.
   바리새인들처럼 다른 사람들에게 보이려고 해서는 안 된다. 사람들이 많은 거리 어귀에 서서 문자 그대로 손과 얼굴을 하늘로 향하고 기도하는 그들의 마음은 하늘이 아니라 땅에 있었다(5절).

2. 편안한 마음을 가지고 기도하라.
   아무도 없이 홀로 하나님을 만날 수 있는 곳으로 가서 고요히 호흡과 정신을 가다듬고 집중하라(6절).

3. 솔직하게 기도하라.
   하나님과 그냥 대화하라. 기도는 대화다. 기도는 서로 사랑하는 두 사람의 속삭임이다. 아내가 남편에게 "너무나 위대한 분이시여, 시장에 가야 합니다. 나와 동행해 주소서"라고 말하지 않는다. 그보다는 "여보, 시장에 가려고 하는데 같이 가서 물건 고르는 것 좀 도와주었으면 좋겠어요"라고 말한다. 하나님께 갈 때도 그저 친구에게 하는 것처럼 마음속의 진실한 이야기를 꺼내놓으면 된다(7절).

> 4. 하나님께 무엇인가를 말해야겠다고 노력하지 말라.
>   하나님이 듣고 싶어 하시는 것을 기도해야겠다고 생각하지 말라. 그분은 이미 우리의 마음과 생각을 알고 계신다. 그저 당신의 마음속에 있는 바로 그것을 말하라(8절).

"소망 중에 즐거워하며 환난 중에 참으며 기도에 항상 힘쓰며"(롬 12:12).

"그러므로 너희는 이렇게 기도하라"(마 6:9).

주님께서 주신 기도의 모델을 사용해서 우리는 기도생활을 회복할 수 있습니다. '주기도문'이라고 불리는 이 기도문은 마태복음 6:9-15에 나옵니다. 예수님은 '무엇을 기도해야 하는지'(what you should pray)를 말씀하신 것이 아니라 '어떻게 기도해야 하는지'(This is how you should pray) 말씀해 주셨습니다. 이 기도문을 문자 그대로 따르라고 말씀하신 것이 아니라 기도의 모범을 보여 주신 것입니다. 이 기도의 모델에서 발견한 6가지 사항을 나누어서 살펴보겠습니다.

1. '찬양'(Praise) : 하나님을 높이며 기도를 시작하십시오.

하나님을 향한 나의 사랑을 표현하는 것으로 기도를 시작합니다.

"하늘에 계신 우리 아버지여 이름이 거룩히 여김을 받으시오며"(마 6:9).

'이름이 거룩히 여김'에 밑줄 치십시오. 하나님에 대한 우리의 사랑을 표현하는 것으로 기도를 시작합니다. "주님, 주님만을 바라보길 원합니다." 기도할 때 처음부터 나 자신과 나의 필요에 초점을 맞추었다면 기도하기 전보다 더 우울하고 낙심된 자신을 발견하게 될 것입니다. 그러나 하나님에게 먼저 초점을 맞추어서 그분에게서 무엇을 발견할까, 그분에게서 무엇을 배울까, 오늘 그분은 나에게 무엇을 보여 줄까에 초점을 두었다면 합당한 시각을 견지하게 됩니다.

1) 하나님께 찬양드리는 두 가지 방법

찬양에는 두 가지 종류가 있습니다. '경배'와 '감사'가 그것입니다. 첫 번째는 보다 좁은 의미의 찬양(adoration), 즉 하나님의 존재와 그분의 성품을 찬양하는 것입니다.

① 경배 : 하나님의 성품에 대해 찬양

> **인도자를 위한 팁** **하나님의 성품을 드러내는 8가지 히브리어 이름**
>
> 다음과 같은 하나님의 이름들을 가지고 그분의 성품을 설명할 수 있다. 참가자들이 알고 있는 하나님의 성품들과 이름들이 무엇인지 질문해 볼 수도 있을 것이다.
> **여호와 삼마**(Jehovah-) - "하나님이 나와 함께하신다"(겔 48:35).
> 하나님이 여기 계신다! 나는 결코 혼자 있는 것이 아니다!
> **여호와 로이**(Jehovah-Rohi) - "하나님은 나의 목자이시다"(시 23:1).
> 하나님께서는 나를 인도하시고 먹이시고 보호하신다!
> **여호와 이레**(Jehovah-Jireh) - "하나님은 나의 공급자이시다"(창 22:14).
> 내가 요구하기도 전에 하나님은 나의 필요를 아신다!
> **여호와 로페**(Jehovah-Rophe) - "하나님은 나의 치료자이시다"(출 15:26).
> 하나님께서는 나의 몸과 감정과 인간관계를 치유하실 수 있다!
> **여호와 치드케누**(Jehovah-Tsidkenu) - "하나님은 나의 공의이시다" (렘 23:6).
> 하나님께서는 예수님 때문에 나를 받아 주시고 용서해 주신다!
> **여호와 므카디쉬**(Jehovah-M'kaddish) - "하나님은 나의 거룩함이시다"(레 20:8).
> 하나님께서 나를 거룩하게 하신다!
> **여호와 샬롬**(Jehovah-Shalom) - "하나님은 나의 평화이시다"(삿 6:24).
> 하나님께서는 환경에 상관없이 나에게 평화를 주신다!

> **여호와 닛시**(Jehovah-Nissi) – "하나님은 나의 깃발이시다"(출 17:15).
> 하나님께서는 싸움과 전쟁에서 나에게 승리를 주신다!
> 하나님의 이름들이 내포하고 있는 뜻을 깊이 생각해 보면 하나님을 찬양할 수 있는 제목들을 많이 얻게 될 것이다.

– 성경을 읽으면서 '하나님의 성품'을 발견하는 대로 기록해 두고 기도드릴 때 그 목록을 사용해 보십시오.

"감사함으로 그의 문에 들어가며 찬송함으로 그의 궁정에 들어가서 그에게 감사하며 <u>그의 이름을 송축할지어다</u>"(시 100:4).

'그의 이름을 송축할지어다'에 밑줄 치십시오. 성경을 읽으면서 하나님의 성품(a quality of God)을 발견했다면 기록하십시오. 교재 32페이지 밑에 보시면 구체적인 예가 있습니다. 내가 발견한 하나님의 성품을 기록해 두고 기도할 때에 펴 보십시오. 예를 들어, 민수기 14:8을 읽으면서 하나님의 오래 참으심과 자비로우심과 용서하심을 발견했다면 그것들을 기록하고 기도할 때마다 펴서 읽으십시오.

구체적인 예

하나님은 노하기를 더디 하신다.	민 14:18
하나님은 자비로우시다.	민 14:18
하나님은 용서하신다.	민 14:18
하나님은 모든 것을 아신다.	삼상 2:3
하나님은 사랑이시다.	요일 4:8

– '하나님의 성품'은 우리가 기도드릴 때 담대히 구할 수 있는 근거가 됩니다. 하나님의 성품을 따라서 간구하는 것이 바로 믿음으로 구하는 것입니다. 하나님께서는 자신이 누구인지를 고백하는 기도에 응답하십니다.

기도의 열쇠는 하나님의 성품에 있습니다. 하나님의 성품에 의거해서 우리는 담대하게 우리의 요구를 아뢸 수 있습니다. 하나님께서는 자신이 누구인가를 인정하는 자의 기도를 들어주십니다.

하나님의 성품을 찬양하는 것은 끝이 없습니다. 우리가 형언하지 못할 성품까지도 가지고 계신 분입니다. 이 세상의 모든 것은 불안전하지만 하나님은 완전하십니다. 하나님은 빛이 되시고 영화로우신 분이십니다. 이렇게 말하다 보면 끝없이 하나님을 높여드릴 수 있고, 하나님의 축복의 손길이 다가오는 것이 느껴집니다.

두 번째는 그분이 하신 일들에 대해 감사하는 것입니다. 하나님께 나아갈 때에는 이 두 가지가 모두 필요합니다. 하나님의 하나님 되심에 감사드리며 그분의 행하신 일들에 대해 감사드리십시오.

② 감사 : 하나님께서 행하신 일에 대해 찬양을 드림

"감사함으로 그의 문에 들어가며 찬송함으로 그의 궁정에 들어가서 그에게 감사하며 그의 이름을 송축할지어다"(시 100:4).

- 하나님께 감사하는 것들의 목록을 만들어 놓고 기도드릴 때 사용해 보십시오.

감사할 것들을 기록하고 기도할 때에 사용하십시오. 받은 축복과 하나님이 당신의 삶에 행하신 선한 일들을 기록하십시오. 인간들은 하나님의 선하심을 너무나 잘 잊어버립니다. 저도 하나님이 어저께 저에게 베풀어주신 일조차도 기억하지 못합니다. 하나님이 여러분들을 위해 행하신 일들을 기록한다면 감사의 제목이 늘어납니다. 그리고 그 많은 감사 제목들을 보며 놀라게 될 것입니다.

2. '목적'(Purpose) : 하나님의 목적과 뜻에 헌신하십시오.

나의 인생을 향한 하나님의 목적과 그 뜻에 자신을 헌신합니다. 주님의 기도는 계속 이어집니다.

"나라가 임하시오며 뜻이 하늘에서 이루어진 것 같이 땅에서도 이루어지이다"(마 6:10).

하나님의 '뜻'은 하나님의 '목적'이라고 해석할 수 있습니다. 내가 아니라 하나님이 주인이심을 인정하는 기도입니다. 이 세상 모든 것의 주인이 내가 아니라 하나님이심을 인정하십시오. 내 가족과 내 교회와 내 친구에게 하나님의 목적이 이루어지기를 구하십시오. 내 인생에 하나님의 뜻이 이루어지기를 간구하십시오. "하나님, 제 인생에 뜻하신 바를 이루십시오."

하나님의 뜻과 목적이 여러분의 가정, 교회, 사역, 생업, 미래에서 그리고 여러분이 사는 도시, 나라, 세계에서 이루어지도록 기도드리십시오.

"너희 몸을 하나님이 기뻐하시는 거룩한 산 제물로 드리라 이는 너희가 드릴 영적 예배니라"(롬 12:1).

우리는 그리스도께서 값을 치르고 사신 주님의 소유물입니다. 그리고 우리는 제물이라고 말하고 있습니다. 그러면 우리는 하나님의 목적에 맞게 살아야 합니다. 바울은 이어서 "하나님의 선하시고 기뻐하시고 온전하신 뜻"(롬 12:2)이 무엇인지 분별하라고 말하고 있습니다. "제 인생을 향한 하나님의 뜻이 무엇인지 저는 모릅니다. 그러나 그 뜻이 이루어지기를 원합니다. 내 삶의 주인은 하나님이시기 때문입니다"라는 말로 나를 헌신하십시오.

3. '공급'(Provision) : 하나님께 당신의 필요를 채워달라고 간구하십시오.

"오늘 우리에게 일용할 양식을 주시옵고"(마 6:11).

'오늘'에 밑줄 치십시오. 하나님은 우리의 필요를 채우고 계십니다. 하나님의 이름 가운데 '여호와 이레'가 있습니다. 공급하시는 하나님이십니다. 하나님은 우리의 필요를 모르는 분이 아니요, 항상 우리에게 필요를 공급해 주시는 분이십니다. 우리의 머리카락 숫자까지 아시는 분이십니다.

1) 어떤 필요를 위해 기도해야 합니까? <u>모든 필요</u>

"나의 하나님이 그리스도 예수 안에서 영광 가운데 그 풍성한 대로 너희 <u>모든 쓸 것</u>(필요)을 채우시리라"(빌 4:19).

'모든 쓸 것'에 밑줄 치십시오. 어떤 필요를 아뢰야 합니까? 무엇이든지 아뢰십시오. 그분이 들어주시기에 너무 힘든 일은 없습니다. 그분이 듣기에 너무 사소한 일도 없습니다. 내게 필요한 것 그것을 위해 기도하십시오.

"자기 아들을 아끼지 아니하시고 우리 모든 사람을 위하여 내어 주신 이가 어찌 그 아들과 함께 <u>모든 것</u>을 우리에게 주시지 아니하겠느냐"(롬 8:32).

'모든 것'에 밑줄 치십시오. 하나님께는 저와 여러분을 구원하는 일이 가장 큰 일이었습니다. 우리의 영혼을 구하는 일보다 더 큰 일은 아무것도 없습니다. 그러므로 매일 필요한 것을 아뢰십시오. 우리의 영혼을 구한 일에 비하면 그것은 사실 빵 한 조각을 구하는 일에 지나지 않습니다.

소망하고 희망하는 것과 실제적으로 간구하는 것은 서로 완전히 다른 일입니다. 필요가 있으면 아뢰십시오. 구체적으로 구하십시오. 성경 속에 있는 약속의 말씀을 붙들고 간구하는 바를 기록하시고 하나님의 응답하심을 기대하십시오(참가자용 교재 35페이지의 도표를 참고하십시오).

2) 어떻게 구해야 합니까? : <u>상세히</u>

"너희가 얻지 못함은 구하지 아니하기 때문이요"(약 4:2).

"아무것도 염려하지 말고 다만 모든 일에 기도와 간구로, 너희 구할 것을 감사함으로 하나님께 아뢰라"(빌 4:6).

하나님은 우리의 모든 생각과 필요를 알고 계시는데 왜 구태여 말씀드려야만 합니까? 물론 그분은 알고 계십니다. 우리가 그분에게 나아가 기도 전에 모든 것을 헤아리고 계십니다. 그러나 기도는 '하나님께 나를 맡긴다는 나의 선언'입니다. 하나님께 나아가 "저는 오로지 하나님만을 의지합니다. 나의 지혜나 산업이나 돈이 아니라 하나님께 저를 의탁합니다"라고 기도하십시오.

3) 아래와 같이 자신의 기도제목과 약속의 말씀을 기록해 두고 하나님의 응답을 기대하십시오.

날짜	기도제목	약속의 말씀	응답받은 날짜

인도자를 위한 팁

인도자는 자신에게 있었던 구체적인 기도 응답의 예를 준비하는 것이 좋다. 구체적으로 간증하기 위해서는 구체적인 날짜와 기도제목 그리고 붙들고 기도했던 말씀을 밝히도록 하라.

4. '용서'(Pardon) : 하나님께 나의 죄를 용서해 달라고 간구하십시오.

"우리 죄를 사하여 주시옵고"(마 6:12 하).

용서를 구하는 기도의 4단계

1) 성령님께 모든 죄를 드러내 달라고 기도하십시오.

먼저 용서를 구하기 위해서는 내게 있는 죄를 분명히 깨달아야 합니다. 정직한 마음으로 그분께 나아가면 내가 지었던 죄를 밝히 보여 주십니다. 시편 기자는 다음과 같이 기도했습니다.

"하나님이여 나를 살피사 내 마음을 아시며 나를 시험하사 내 뜻을 아옵소서 내게 무슨 악한 행위가 있나 보시고…"(시 139:23-24).

2) 각각의 죄를 구체적으로 고백하십시오.

"자기의 죄를 숨기는 자는 형통하지 못하나 죄를 자복하고 버리는 자는 불쌍히 여김을 받으리라"(잠 28:13).

모든 죄를 구체적으로 고백합니다. 우리는 "저의 모든 죄를 사하시옵소서"라는 말로 간단히 넘어가고 싶은 유혹을 받을 때가 있습니다. 죄악이 하나씩 따로 따로 저질러진 것처럼 용서도 하나씩 구체적으로 구하십시오. 두루뭉술하게 넘어가지 마십시오.

3) 필요하다면 다른 사람들과 화해하십시오.

"그러므로 예물을 제단에 드리려다가 거기서 네 형제에게 원망들을 만한 일이 있는 것이 생각나거든 예물을 제단 앞에 두고 먼저 가서 형제와 화목하고 그 후에 와서 예물을 드리라"(마 5:23-24).

'먼저 가서 형제와 화목하고'에 밑줄 치십시오. 이 말씀은 우리가 다른 사람들과의 관계가 하나님과의 관계에서도 대단히 중요하다는 것을 가르쳐 주고 있습니다. 하나님께서는 우리가 다른 사람에게 입힌 손해를 깨닫게 하십니다. 경우에 따라서는 손해를 끼친 이웃에게 배상하는 것이 옳습니다. 지체하지 말고 배상한 후에 자유함을 얻으십시오.

> **인도자를 위한 팁**
>
> 성도들이 실천하기 힘든 부분들은 목회자가 우선 실천해서 예화로 가지고 있는 것이 좋다. 직접 화해했던 경험을 성도들과 나누도록 하라. 적절한 예화가 없다면, 교회 내에서 이러한 자유를 경험하고 있는 성도의 간증을 준비하는 것도 좋다.

4) 믿음으로 하나님의 용서를 받아들이십시오.

"만일 우리가 우리 죄를 자백하면 그는 미쁘시고 의로우사 우리 죄를 사하시며 우리를 모든 불의에서 깨끗하게 하실 것이요"(요일 1:9).

'깨끗하게 하실 것'에 밑줄 치십시오. 우리가 하나님 앞에 죄를 자백했으면 하나님께서 우리를 용서해 주시고 깨끗하게 하신 것을 인정하고 감사해야 합니다. 그런데 이 사실이 믿음으로 받아들여지지 않으면 회개를 하고 나서도 계속해서 마음이 무거운 경우가 많이 있습니다. 하나님의 능력을 불신하기 때문입니다. 그래서 회개를 했을 때 하나님을 찬양하는 것이 가장 좋습니다. "용서해 주신 하나님을 찬양합니다"라고 고백하십시오.

> **새들백 예화 :**
>
> 어느 날 릭 워렌 목사가 라디오 프로그램을 듣고 있었습니다. 어떤 한 소녀가 라디오 상담가가 진행하는 프로그램에 전화를 했습니다. "죄책감이 너무 커요. 어떻게 하면 되나요. 제가 잘못

> 했어요. 이 죄책감을 어떡합니까?"라며 울먹였습니다. "죄책감에 시달리시는군요." 이것이 그의 대답이었습니다. 그의 대답은 너무나 불충분했습니다. 릭 워렌은 그 프로에 전화를 해서 그 소녀에게 하나님의 용서를, 그리고 그 죄책감은 깨끗이 씻어질 수 있다는 것을 얘기하고 싶었다고 합니다.
> 용서라는 문제에 관해서 우리가 명심해 둘 것이 있습니다. 용서받은 자는 더 이상 죄책감을 가지고 살 필요가 없다는 사실을 믿음으로 받아들여야 한다는 점입니다.

5. '사람'(People) : 다른 사람들을 위해 기도하십시오.

> "우리가 우리에게 죄 지은 자를 사하여 준 것 같이 우리 죄를 사하여 주시옵고"(마 6:12).

> "나는 무엇보다도 먼저, 모든 사람을 위해서 하나님께 간구와 기도와 중보 기도와 감사 기도를 드리라고 그대에게 권합니다"(딤전 2:1, 새번역).

'우리에게 죄 지은 자', '모든 사람'에 밑줄 치십시오. 눈에 보이지도 않는 사람을 위해 기도하고 계십니까? 기억하십시오. 하나님은 여러분의 기도와 함께 그들의 삶 속에 역사하고 계십니다. 오랫동안 기도해 왔지만 변화의 기미가 전혀 보이지 않아 "잊어버리자. 기도가 별 도움이 안 되나 보다. 에너지 낭비 그만하자"하며 중보를 멈추고 싶은 친구가 있습니까? 성경은 하나님의 자비를 간구하라고 가르칩니다. 주님이 그 친구를 위해 하신 일에 감사하십시오. 그리고 그 친구가 누구든지 간에, 변화의 기미가 보이지 않더라도 하나님은 역사하고 계신다는 사실을 확신하십시오. 중보를 멈추어도 좋다는 허락을 받은 경우가 아니라면 계속해야 합니다. 하나님이 여러분을 변화시키든지, 상황을 변화시키든지, 그 사람을 변화시키든지 하실 것입니다. 그때까지는 중보를 멈추지 않아야 합니다.

중보의 방법을 알기 원한다면 바울 서신을 펴서 바울의 기도를 읽고 그의 중보기도 제목을 살펴보십시오. 우리들 대부분은 "그를 축복해 주십시오", "그를 도와주십시오"라고 말한 뒤에는 무엇을 말할지 몰라 가만히 있습니다.

바울의 중보를 자세히 살펴보고 그가 형제들을 위해 무엇을 기도했는지를 발견하십시오.

1) 다른 사람들을 위한 기도의 모범 : 엡 1:15-19; 골 1:3-12; 살전 1:2-3; 살후 1:11-12

2) 여러분 각자가 위해서 기도하기 원하는 사람들의 목록을 만드십시오. 그들을 그룹으로 묶어 정한 요일에 나누어 기도하십시오.

참가자용 37페이지에 있는 도표를 참고하십시오. 목록을 만들고 오늘은 가족을 위해, 내일은 나라의 지도자를 위해, 다음날은 신앙의 친구들을 위해, 다음날에는 교회와 영적 지도자를 위해…, 이렇게 기도하십시오.

기도가 필요한 사람들

분류	이름	기도제목
가족		
신앙의 친구		
전도 대상자		
영적 지도자		

나라의 지도자	
기타	

6. '보호'(Protection) : 하나님의 영적인 <u>보호</u>하심을 간구하십시오.

"우리를 시험에 들게 하지 마시옵고 다만 악에서 구하시옵소서"(마 6:13).

성도들은 매일 영적 전쟁을 치르며 삽니다. 사탄은 유혹과 두려움을 통해 우리를 패배시키려고 합니다. 하지만 우리는 영적 보호를 위해 기도함으로써 모든 상황을 주도할 수 있는 믿음을 가지고 하루를 살 수 있게 됩니다.

"여러분은 하나님께 속하였고 거짓 예언자들을 이겼습니다. 이것은 여러분 안에 계시는 분이 세상에 있는 마귀보다 <u>더 능력이 크기 때문입니다</u>"(요일 4:4, 현대).

'더 능력이 크기 때문입니다'에 밑줄 치십시오. 혹시 아무 준비 없이 하루를 시작하지 않습니까? 하나님의 보호를 구하지 않고 하루를 시작하는 것은 갑옷 없이 전쟁터에 나가는 것과 크게 다르지 않습니다. 전쟁터에 나갈 때는 반드시 갑옷을 입어야 합니다. 악의 세력을 인지할 수 있는 능력을 달라고 간구하십시오.

여러분이 악의 세력을 인식하지 못하면 그 악의 세력이 자신도 모르는 사이에 당신을 사로잡아 갑니다. 그러나 악의 세력을 인식할 수 있는 능력을 하나님께 간구했을 때에는 악의 세력과 유혹 앞에서 담대히 맞서 싸울 수 있습니다. 두려워하지 마십시오. 우리 안에 계신 성령은 세상의 영보다 그 능력이 크십니다.

이제 주님께서 가르쳐 주신 기도의 모델인 '6P'를 모두 살펴보았습니다. 다시 한 번 기억해 볼까요? 그 여섯 가지는 '찬양'(Praise), '목적'(Purpose), '공급'(Provision), '용서'(Pardon), '사람'(People), '보호'(Protection)였습니다.

기도는 우리가 하나님과 대화할 수 있는 유일한 채널입니다. 하나님은 그의 말씀, 창조물, 다른 사람들, 마음에 드는 생각들을 통해서 말씀하시지만 하나님과 우리가 대화할 수 있는 유일한 방법이 기도라는 사실을 기억하시기 바랍니다.

인도자를 위한 팁 | 기도할 시간과 장소가 없다는 사람들에게

대부분의 사람들이 기도하지 않는 이유로 내세우는 가장 큰 변명은 시간과 장소가 없다는 것이다. 그러한 사람들에게 다음과 같은 이야기가 도움이 될 것이다.

"존 웨슬리와 찰스 웨슬리의 어머니인 수잔나 웨슬리라는 이름을 들어 보셨습니까? 수잔나 웨슬리에겐 '19명'의 자녀가 있었습니다. 이만하면 기도하지 못할 충분한 이유가 되지 않습니까? 그러나 수잔나는 매일 한 시간씩 기도했습니다. 19명의 자녀를 둔 어머니가 어디로 피할 수 있었겠습니까? 수잔나가 머리에 수건을 매면 아이들은 어머니가 기도 중에 있음을 알고 그녀를 방해하지 않았습니다.

수잔나는 그렇게 한 시간씩 기도했습니다. 19명의 자녀를 둔 수잔나 웨슬리가 매일 한 시간씩 기도했다면 우리에겐 더 이상 변명의 여지가 없습니다. 우리 중에 그 누구도 그녀보다 바쁘지 않습니다. 그리고 우리의 집은 그녀의 집보다 조용할 것입니다. 매일 기도할 수 있는 장소가 있습니까? 그 사실만으로도 감사하십시오."

III. 제 2 부 : 성경말씀을 붙잡는 방법

성경말씀을 함께 읽어 보겠습니다.

"모든 성경은 하나님의 감동으로 된 것으로 교훈과 책망과 바르게 함과 의로 교육하기에 유익하니 이는 하나님의 사람으로 온전하게 하며 모든 선한 일을 행할 능력을 갖추게 하려 함이라"(딤후 3:16-17).

이것이 성경의 목적입니다. 성경은 우리에게 진리를 가르칩니다. 성경은 우리의 삶에 무엇이 옳고 무엇이 그른지를 가르쳐 줍니다. 우리가 길을 잃었을 때 길을 찾아 줍니다. 그리고 성경말씀을 통해 삶의 매 순간을 준비시키시고, 모든 선한 일을 할 수 있도록 온전하게 만드는 것이 하나님께서 사용하시는 방법입니다.

인생의 매 순간순간 잘 준비되어 있기를 원하십니까? 모든 사람들에게 선을 행할 수 있도록 온전하게 되기를 원하십니까? 성경을 읽으십시오. 해답은 성경에 있습니다.

이 시간에 우리가 나누고자 하는 것은 영혼의 양식을 먹는 방법입니다. "고기를 잡아주기보다는 고기 잡는 방법을 가르쳐 주어라"는 옛 속담이 있습니다. 이 시간 저는 고기 잡는 방법을 가르쳐 드리기 원합니다. 하나님의 말씀을 내 것으로 만드는 몇 가지 기본적인 방법들을 알려 드리고 싶습니다.

39페이지에 나와 있는 손 그림을 보시기 바랍니다.

성경말씀을 붙잡는 6가지 방법

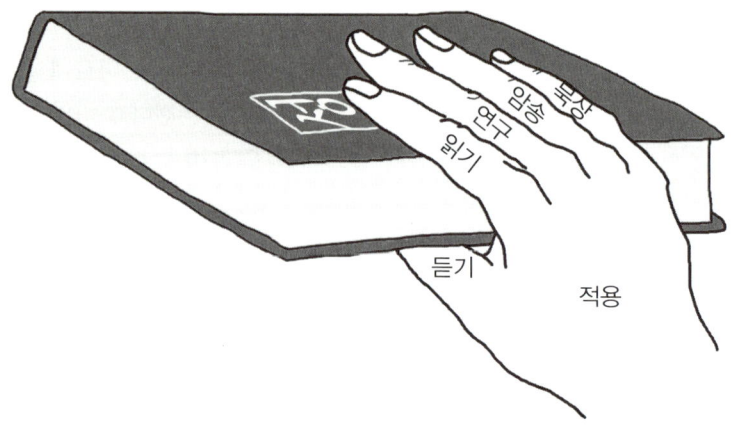

　엄지손가락(thumb)에 '듣기'라고 되어 있습니다. 집게손가락(index finger)에 '읽기'라고 되어 있습니다. 세 번째 가운데손가락(middle finger)에 '연구'라고 되어 있습니다. 약지(ring finger)에 '암송'이라고 되어 있습니다. 새끼손가락(pinkie)에 '묵상'이라고 되어 있습니다. 그리고 마지막으로 손바닥(palm)에 '적용'이라고 되어 있습니다. 확인하셨습니까? 이상 여섯 가지가 하나님의 말씀을 내 것으로 만드는 방법입니다. 듣기, 읽기, 연구, 암송, 묵상, 적용이 그것입니다.

　하나님의 말씀을 내 것으로 만들고 싶은 사람들은 첫 번째 손가락, 즉 '듣기' 이상의 것을 소망해야 합니다. 대부분의 그리스도인들은 성경을 삶 속으로 받아들이는 방법으로 그저 듣기에만 열중합니다. 이런 사람들은 성경을 읽지도 않고 연구도 하지 않습니다. 그저 교회에 출석해서 설교 듣는 것으로 만족합니다. 손가락 하나만으로 성경을 붙잡을 수 있습니까? 가장 짧은 손가락 하나만으로 성경을 붙들고 계십니까? 그런 사람에게서 성경을 뺏기란 너무나 쉬운 일입니다.

　성경은 하나님의 말씀이며, 성령의 검입니다. 가장 짧은 손가락 하나만으로 악의 세력에 대적해서 싸우면서 최선을 다해 악에게 맞서 싸웠다고 이야기할 수 있습니까?

두 번째는 '읽기'입니다. 듣기에서 한 걸음 나아가 매일 성경을 '읽기'로 결심한다면 당신은 이제 두 손가락으로 성경을 쥐고 있는 것입니다. 한 손가락보다는 낫습니다. 악의 세력이 여러분의 손에서 성경을 빼앗기가 전보다는 조금 어려워졌지만 여전히 쉬운 일입니다.

세 번째는 '연구'입니다. 성경을 연구하십니까? 그렇다면 성경을 좀 더 잘 붙들고 있는 것입니다.

네 번째는 '암송'입니다. 이 일은 앞의 과정들에 비해 힘이 듭니다. 그러나 종교의 자유가 없는 나라의 지하교회 성도들은 성경을 암송해서 빼앗기지 않으려고 한다는 사실을 아십니까?

다섯 번째는 '묵상과 적용'입니다. 듣기, 읽기, 연구, 암송과 더불어 묵상과 적용까지 실천하고 계십니까? 성경을 진실로 꽉 붙들고 계시는 분입니다.

그저 말씀을 듣기만 하십니까? 하나님의 말씀이 주는 풍성한 유익에 그다지 많이 참여하지 못하고 계십니다. 이상의 여섯 가지보다 더 많은 것을 하고 계십니까? 참으로 풍성하게 말씀의 유익을 누리고 계십니다.

이제 하나씩 살펴보겠습니다. 제일 먼저 '하나님의 말씀을 어떻게 듣는가'에 관해 알아보겠습니다. 손 그림의 엄지에 해당됩니다.

> **인도자를 위한 팁**
>
> 인도자는 손을 펼쳐 보이며 설명하는 것이 효과적이다. 듣기는 엄지손가락에 해당한다.

1. 하나님의 말씀을 들으십시오. 듣기!

"믿음은 들음에서 나며 들음은 그리스도의 말씀으로 말미암았느니라"(롬 10:17).

'믿음은 들음에서'에 밑줄 치십시오. 더 많은 믿음을 소유하기 원하십니까? 하나님의 말씀을 들으십시오. 하나님의 말씀을 내 삶에 받아들이는 방법 중 가장 쉽고, 가장 일반적인 방법입니다. 그러나 동시에 최고의 만족을 놓칠 수 있는 방법이기도 합니다.

1) 하나님의 말씀을 듣는 방법에는 어떤 것이 있습니까?
   ① 신구약 성경 테이프, CD, mp3
   ② 교회의 예배와 성경공부
   ③ 설교 테이프, CD, mp3
   ④ TV 혹은 라디오

하나님의 말씀을 들을 수 있는 여러 가지 방법이 있습니다. 신구약 성경이 녹음된 테이프를 들을 수도 있습니다. 예배와 성경공부 시간에도 말씀을 듣습니다. 또 설교를 녹음한 테이프를 들을 수도 있습니다. 라디오나 텔레비전을 통해서도 들을 수 있습니다. 인터넷에서도 훌륭한 목사님들의 설교를 날마다 들을 수 있습니다. 우리는 다양한 휴대기기를 통해서 장소의 구애를 받지 않고 말씀을 접할 수 있는 시대를 살아가고 있습니다.

이렇게 설교를 듣는 것도 매우 유익합니다. 그러나 문제는 우리 인간들은 들은 것의 95퍼센트 이상을 72시간 이내에 잊어버린다는 데 있습니다.

> 문제점 : 72시간 후에는 우리가 듣는 것의
> '95퍼센트'를 잊어버리게 됩니다.

이것이 많은 성도들의 현주소입니다. 주일이면 어김없이, 그것도 몇십 년 동안 교회에 다니지만 성장하지 못하는 이유가 여기에 있습니다. 듣기만 할 뿐 기억하지 못하는 데 그 원인이 있습니다. 기억도 못하는데 어떻게 적용이 가능하겠습니까?

> **새들백 이야기 :**
> 새들백 교회에서는 설교요약문(Outline)을 프린터해서 나누어 준다. 강대상에서 말한 것 모두를 잊어버려도 좋지만, 말씀은 취하기를 바라는 것이다. 말씀을 기억하도록 돕는 하나의 도구다.

잘 듣는 법을 어떻게 개발합니까? 잘 듣는 법을 개발하기 위해 다음 다섯 가지 방법을 제안합니다.

2) 어떻게 해야 하나님의 말씀을 더 잘 들을 수 있습니까?

① 하나님의 말씀 듣기 전에 준비하며 사모하십시오.

말씀의 은혜를 많이 받는 사람들을 보면 항상 기대감을 가지고 예배를 준비하고 참석을 합니다. 우리의 경험만으로 그것을 아는 것이 아닙니다. 신약과 구약에서 각각 하나씩 관련 성경구절을 살펴보겠습니다.

> (예수님) "들을 귀 있는 자는 들을지어다"(눅 8:8).

> "주의 말씀의 맛이 내게 어찌 그리 단지요 내 입에 꿀보다 더 다니이다"(시 119:103).

예배가 시작되기 전 혹은 집을 나서기 전 그날 말씀을 전하실 목사님을 위해서 기도하면서 "주님, 듣기를 원합니다. 주님의 말씀을 사모합니다"라고 간절히 기도하십시오. 그리고 오늘 주실 말씀이 지금 나의 삶에 꼭 필요한 말씀이 될 것이라는 소망을 품으시기 바랍니다. 그러한 사모함이 있어야 하나님의 음성을 들을 수 있습니다.

② 하나님의 말씀을 듣는 데 <u>방해</u>되는 태도를 해결하십시오(눅 8:4-15).

누가복음 8:4-15은 '씨 뿌리는 자의 비유'입니다. 이 비유를 통해 예수님은 '닫힌 마음'과 '피상적인 마음'과 미리 '다른 생각에 사로잡힌 마음'들을 경계하셨습니다. 이 비유에서 예수님은 이렇게 말씀하십니다.

"너희가 어떻게 들을까 스스로 삼가라"(눅 8:18).

- **닫힌 마음** : 어떤 두려움, 자존심 혹은 상처가 하나님의 말씀을 듣는 것을 방해하지는 않습니까?

- **피상적인 마음** : 하나님의 말씀 듣기를 진정으로 원하고 계십니까?

- **다른 생각에 사로잡힌 마음** : 당신은 다른 일들에 너무 바쁘고 그 일에 관심을 두기 때문에 하나님의 말씀에 집중하지 못하는 것은 아닙니까?

말씀을 듣기 원하십니까? 먼저 이러한 마음들을 처리하십시오. 메시지를 내가 아닌, 나를 제외한 다른 사람들의 문제로 받을 때에는 내게 아무런 유익이 없습니다.

세상에서 가장 지겨운 설교라 해도 성경을 인용하고 있습니다. 최소한 그 성경본문에 대해서 생각할 수 있어야 합니다. "이 본문이 내 삶에 의미하는 바가 무엇인가?" 그러므로 메시지를 통해 아무것도 얻지 못한다면 먼저 자신을 점검하십시오. "문제가 무엇인가? 내가 하나님께 집중하지 못하는 것은 아닌가?"라고 점검해 보아야 합니다.

특정한 주제에 관한 설교 중에 하나님께서 그 주제와는 완전히 다른 무엇인가를 당신에게 말씀하신 경험이 있습니까? 하나님은 동

일한 구절을 이 사람에게는 이런 방법으로, 저 사람에게는 저런 방법으로 사용하십시오. 그것이 하나님의 방법입니다.

③ 당신의 삶 가운데 있는 모든 죄를 고백하십시오.

> "여러분은 온갖 더러운 것과 악을 버리고 마음에 심겨진 하나님의 말씀을 겸손히 받아들이십시오. 그 말씀에는 여러분의 영혼을 구원할 수 있는 능력이 있습니다"(약 1:21, 현대).

비우기 전에는 결코 채울 수 없다는 것을 기억하십시오. 물이 가득 담겨 있는 잔에는 콜라를 부을 수 없습니다. 콜라를 담고 싶다면 먼저 물을 쏟아내어야 합니다. 하나의 그릇에 두 가지를 담을 수 없습니다.

당신의 삶이 하나님의 말씀으로 충만하게 되기 원하십니까? 당신 삶에 존재하는 쓰레기를 모두 제거해 버리십시오.

④ 들은 말씀의 요점을 기록하십시오.

> "우리는 들은 바를 더욱 굳게 간직하여, 잘못된 길로 빠져드는 일이 없어야 마땅하겠습니다"(히 2:1, 새번역).

노트를 마련해 영적인 깨달음을 기록하십시오. 설교 노트를 사용하면 크게 두 가지 유익을 얻을 수 있습니다.

첫째, 오랫동안 기억할 수 있습니다. 조금 전에도 말씀드렸지만, 보통 사람들은 들은 것의 95퍼센트를 72시간 후에 잊어버린다고 합니다. 그러나 듣고 써 본 것은 72시간 후에도 70퍼센트를 기억한다고 합니다.

둘째, 나중에 다시 찾아볼 수 있어서 좋습니다. 어렴풋이 기억나는 그날의 은혜를 기록된 노트를 통해서 확인할 수 있습니다.

> **인도자를 위한 팁**
>
> 새들백 교회에서는 배부되는 설교 요약자료에 세 개의 구멍이 있어 노트(3ring 노트)에 보관하기 편리하게 되어 있다. 이 노트는 하나님으로부터 받은 축복을 잘 정리해서 기록으로 남겨 두어 되새김질할 수 있도록 한다.
> 노트를 주지 않더라도 개인적으로 꼭 기록을 하도록 지도하라.

⑤ 들은 대로 <u>실천</u>하십시오.

"너희는 말씀을 행하는 자가 되고 듣기만 하여 자신을 속이는 자가 되지 말라"(약 1:22).

"자유롭게 하는 온전한 율법을 들여다보고 있는 자는 듣고 잊어버리는 자가 아니요 <u>실천하는 자</u>니 이 사람은 그 행하는 일에 복을 받으리라"(약 1:25).

'말씀을 행하는 자', '실천 하는 자'에 밑줄 치십시오. 야고보는 성경을 듣고 축복을 누리기 원한다면 반드시 행함이 따라야 한다고 가르칩니다.
주일 아침 설교 후에 "훌륭한 메시지였습니다. 저의 삶을 변화시켰습니다"라고 말한 사람이 다음부터는 교회에 얼굴을 보이지 않는 일이 있습니다. 마음은 도전을 받았으나 변화되지 못한 사람들입니다. 성경은 행함을 가르칩니다.

> **인도자를 위한 팁**
>
> 다음으로 넘어가기 전에 지금까지 다룬 다섯 가지 방법 중에서 참가자들에게 가장 먼저 실천해야 할 부분이 있다면 표시하도록 하라. 그리고 실천할 수 있도록 하나님의 도우심을 구하는 기도를 참가자들과 함께 드리라. 작은 헌신이 더 큰 헌신으로 발전하게 될 것이다.
>
> 　손가락을 활용하라. 지금까지 엄지손가락에 해당하는 듣기 방법에 관해 이야기했다. 지금부터는 집게손가락에 해당하는 '읽기'에 관해서 설명할 것이다.

2. 하나님의 말씀을 읽으십시오. 읽기!

말씀을 듣고 또 읽을 때 우리는 성경을 좀 더 강하게 붙들 수 있습니다. 말씀을 듣기만 하는 것이 손가락 하나만으로 성경을 붙드는 일이라면, 말씀을 듣기도 하며 읽기도 할 때에는 두 손가락으로 성경을 붙들고 있는 것입니다. 어떤 방법으로 성경을 읽으십니까?
　성경은 요한계시록 1:3에서 다음과 같이 우리를 가르칩니다.

　"이 예언의 말씀을 읽는 자와 듣는 자와 그 가운데에 기록한 것을 지키는 자는 복이 있나니"(계 1:3).

그러나 실제적으로 성경을 어떻게 읽어야 할지 모르는 성도들이 많다는 것을 보게 됩니다. 이제부터는 어떻게 하면 성경을 더 잘 읽을 수 있는지 말씀드리겠습니다.

> **새들백 이야기 : 성경 읽기의 능력**
> 새들백 교회는 '회복 사역'(Celebrate Recovery)이라고 불리는 8복을 기초로 해서 12단계로 다양한 중독 증세를 가진 사람들을 돕는 사역을 진행한다. 이 사역에서는 참가자들에게 하나님의 말씀을 읽게 한다. 몇 개월이 지나면서 많은 사람들의 문제들이 해결되고 닫힌 감정이 회복되는 것을 본다. 단지 성경을 읽는 것만으로도 심각한 중독 증세에서 회복되는 말씀의 능력을 경험하는 것이다.

1) 얼마나 자주 하나님의 말씀을 읽어야 합니까? 매일

"(하나님의 말씀을) 평생에 자기 옆에 두고 읽어 그의 하나님 여호와 경외하기를 배우며 이 율법의 모든 말과 이 규례를 지켜 행할 것이라"(신 17:19).

성경은 매일 읽어야 한다고 가르칩니다. 신명기 17:19은 '평생에 자기 옆에 두고 읽어서'(must read from it everyday of his life)라고 말씀하고 있습니다. 영어성경을 보면 'Each day'(CEV), 'all the days of his life'(NIV)라고 번역하고 있습니다. 매일 매일 성경을 읽는 것을 생활 속에서 습관화시켜야 합니다.

2) 어떻게 하면 하나님의 말씀을 효과적으로 읽을 수 있나요?

① 체계적으로 읽으세요.

주마간산으로 읽지 마십시오. 성경을 읽을 때는 처음부터 차근차근 읽어야 합니다. 편지를 읽으면서 마지막 부분부터 읽는 사람은 없습니다. 처음부터 읽어 나갑니다. 신약성경은 특히 서신서가 많이 있습니다. 편지는 처음부터 순서대로 차근차근 읽어야 합니다. 혹시 잠자리에 들기 전에 성경을 읽지 않아 부담감을 가지고 아무 데나 펴서 읽은 경험이 있지 않습니까? 체계적으로 읽으십시오. 당신이

좋아하는 부분만 읽어서는 안 됩니다. 성경은 모두 읽어야 합니다.

어떤 이는 시편과 잠언과 사복음서를 좋아합니다. 천국에 가서 하박국 기자가 "제 글이 어땠나요?"하고 묻는데 성경에 그의 글이 있는지조차 몰랐다면 얼마나 당황스럽겠습니까? 소선지서와 그 외의 모든 성경들을 전부 읽어야 합니다.

어떤 성도가 "하나님, 제 인생을 향한 당신의 뜻을 알기 원합니다"하고 성경을 펴니 "유다가 은을 성소에 던져 넣고 물러가서 스스로 목매어 죽은지라"라는 구절이 나왔습니다. 놀란 그는 "이것이 아니야"하며 성경을 덮고는 다시 성경을 펴서 손가락이 닿는 곳을 읽었습니다. "가서 너도 이와 같이 하라 하시니라", "이것도 아니야. 세 번은 해야지"하고는 다시 성경을 펴서 손가락으로 찍은 후 그 부분을 읽었습니다. "네 하는 일을 속히 하라 하시니라" 주마간산으로 대충 성경을 읽는 사람은 이 성도와 크게 다르지 않습니다.

② 주석이 없는 성경을 읽으세요.

어떤 성도는 자신이 기록한 메모들과 갖가지 형광색이 가득 찬 성경을 몇 권 가지고 있습니다. 물론 주석 성경도 있습니다. 그러나 경건의 시간에는 이 성경들을 사용하지 않는 것이 좋습니다. 똑같은 메시지만을 반복해서 보기가 쉽기 때문입니다.

경건의 시간을 위해 어떤 주석도 없는 성경을 따로 준비하시기를 권합니다. 말씀만을 읽을 때 얻는 새로운 유익이 있습니다. 주석 성경을 읽다가 그 주석들로 인해 성경본문과는 전혀 다른 생각을 할 수 있습니다. 경건의 시간에는 주석이 없는 성경을 읽으십시오.

③ 다른 번역본들과 함께 읽으세요(예: 새번역, 현대인의성경, 쉬운 성경, 메시지 신약 등).

이제 한국에도 여러 가지 성경번역본이 있습니다. 그래도 다른 성경 번역본을 참고하고 싶다면 교역자의 지도를 받아 적당한 성경을 추천받으시기 바랍니다.

④ 조용히 소리 내어 읽으세요.

눈은 무엇인가를 읽고 있는데 마음은 엉뚱한 곳에 가 있는 일이 있습니까? 우리 모두 그런 경험이 있습니다. 소리 내어 읽으십시오. 소리 내어 읽을 때는 마음이 도망가지 못합니다.

⑤ 핵심 구절들에 밑줄을 치고 색깔표시하며 읽으세요.

약속의 말씀은 파란색으로, 예수님에 관한 것은 빨간색으로, 성령에 관한 것은 초록색으로 칠하면 어떻겠습니까? 취향대로 정하십시오. 44페이지에서 소개할 성경연구 방법을 참고하십시오.

⑥ 성경 읽기표를 선택하여 스케줄에 따라 읽으세요.

신약성경의 분량은 420여 페이지 정도입니다. 일요일이면 아무 생각 없이 그냥 주간지나 신문을 샅샅이 읽는 사람들이 있습니다(미국에서 발행하는 LA타임스 일요일판은 신약성경보다 분량이 많습니다). 이들은 "왜 성경을 통독하시지 않습니까?"라는 질문에는 "너무 길지 않습니까"라고 대답합니다. 그러나 전혀 그렇지 않습니다.
　자신의 페이스대로 읽고 싶은 분들도 있습니다. 자신의 페이스를 정하십시오.

하루에 대략 <u>15</u>분씩 읽으면, 일 년에 신구약 성경 전체를 한 번 통독할 수 있게 됩니다.

한 번도 이런 방법을 사용해 보지 않은 분이라면 이 방법을 당신의 목표로 정하시길 권합니다. 창세기로부터 요한계시록까지 성경 전체를 믿습니까? 전체를 읽어 보신 적은 있습니까? 읽지도 않고서 믿는다는 것이 가능한 일입니까?
　다음은 30일 만에 신약성경을 모두 읽을 수 있는 읽기 계획표입니다.

3) 30일 신약성경 완독계획
   1일.   마태복음 1-9
   2일.   마태복음 10-15
   3일.   마태복음 16-22
   4일.   마태복음 23-28
   5일.   마가복음 1-8
   6일.   마가복음 9-16
   7일.   누가복음 1-6
   8일.   누가복음 7-11
   9일.   누가복음 12-18
   10일. 누가복음 19-24
   11일. 요한복음 1-7
   12일. 요한복음 8-13
   13일. 요한복음 14-21
   14일. 사도행전 1-7
   15일. 사도행전 8-14
   16일. 사도행전 15-21
   17일. 사도행전 22-28
   18일. 로마서 1-8
   19일. 로마서 9-16
   20일. 고린도전서 1-9
   21일. 고린도전서 10-16
   22일. 고린도후서 1-13
   23일. 갈라디아서 - 에베소서
   24일. 빌립보서 - 데살로니가후서
   25일. 디모데전서 - 빌레몬서
   26일. 히브리서
   27일. 야고보서 - 베드로후서
   28일. 요한일서 - 유다서
   29일. 요한계시록 1-11
   30일. 요한계시록 12-22

> 인도자를 위한 팁
>
> 손가락을 활용하라. 지금까지 집게손가락에 해당하는 '읽기'에 대해서 공부했다. 이제는 중지에 해당하는 '연구'에 대해서 살펴볼 것이다.

3. 하나님의 말씀을 연구하십시오. 연구!

사도행전 17:11에는 한 지역의 성도들이 성경말씀을 대하는 자세를 이렇게 설명합니다.

> "베뢰아에 있는 사람들은 데살로니가에 있는 사람들보다 더 너그러워서 간절한 마음으로 말씀을 받고 이것이 그러한가 하여 날마다 성경을 상고하므로"(행 17:11).

'날마다 성경을 상고하므로'(studied the Scriptures everyday)라고 기록되어 있습니다. 그들의 귀에 들려진 것이 그저 진리이려니 하고 단순하게 받아들이지 않은 베뢰아 사람에 대한 칭찬의 말씀입니다. 베뢰아 사람들은 돌아가서 그들이 들은 것이 성경이 말하는 것과 일치하는지를 확인하기 위해 날마다 성경을 연구했습니다. 이런 이유로 그들은 칭찬 받았습니다. 그렇다면 우리도 그러해야 합니다. 이제부터는 성경을 가르치는 자가 말하는 것을 그대로 받아들이지 마시기 바랍니다. 하나님의 뜻을 진실로 알기 위해 집으로 돌아가서 성경 속에서 그 뜻을 확인해야 합니다.

또한 디모데후서 2:15은 "너는 진리의 말씀을 옳게 분별하며 부끄러울 것이 없는 일꾼으로 인정된 자로 자신을 하나님 앞에 드리기를 힘쓰라"고 가르칩니다. 어떻게 해야 진리의 말씀을 옳게 분별하는 일꾼이 될 수 있습니까? 연구해야 합니다. 성경을 연구하는 방법은 누구나 배울 수 있습니다. 교수들이나 학자들만을 위한 기술은 없습니다. 하나님은 우리가 말씀을 연구하기 원하십니다.

1) 성경 읽기와 성경연구의 차이점은 연구할 때 펜(필기도구)을 쓴다는 것입니다.

듣거나 읽은 것을 기록해 두지 않으면 금방 잊어버리는 것이 우리들입니다. 그냥 성경을 읽기만 하는 것과 연구하는 것의 차이는, 펜과 종이를 가지고 깨달은 바를 메모하느냐 그렇지 않느냐에 달려 있습니다. 이제 성경을 공부할 때 펜을 사용해 봅시다. 색깔별로 구분하는 작업을 위해서 4색 펜을 사용하는 것도 한 방법입니다.

2) 효과적 성경연구의 비결은 <u>올바른 질문</u>을 던지는 것입니다.

성경 한곳을 펴놓고 어떻게 시작해야 할지 몰라 당황할 수 있습니다. 그럴 때는 '누가? 무엇을? 언제? 어디서? 왜? 어떻게?' 와 같은 기본적인 질문들로 시작하십시오. 이 방법은 모든 성경 본문에 활용할 수 있으며 통찰력을 얻는 좋은 방법입니다.

성경을 펴놓고 다음과 같은 질문들을 던지십시오. "이 본문에서는 누가 제자인가? 그때나 지금이나 동일한 문제다. 본문은 제자의 의미와 그 결과를 이야기한다. 제자가 된 이후 수반되는 결과는 무엇인가? 나는 왜 제자가 되려고 하는가? 어떻게 해야 제자가 되는가?" 질문을 던지고, 본문을 검토해서 그 대답을 찾고 당신이 발견한 것을 기록하십시오. 아주 단순한 방법처럼 보이겠지만 당신이 올바로 시작할 수 있도록 도와줄 것입니다.

3) 성경연구를 위한 "방법"을 사용하십시오.

<u>『릭 워렌과 함께하는 개인 성경연구』</u>, 릭 워렌 저, 도서출판 디모데.

> 『릭 워렌과 함께하는 개인 성경연구』
> 릭 워렌이 사우스 웨스턴 신학교에서 목회학 석사과정을 공부하면서 '국제전도협회'의 창시자인 빌리 행크스(Billi Hanks), 친구인 웨인 왓츠(Wayne Watts)와 함께 연구한 결과물이다.

이 책은 12가지 성경연구 방법들을 간단하면서도 단계적으로 알려 줍니다.

이 책은 스스로 성경을 공부할 수 있게 해 주는 12가지 검증된 성경 연구 방법을 소개하고 있습니다. 이 방법들은 단순한 순서로 되어 있습니다. 또한 참고 서적의 사용 순서도 가장 쉬운 방법부터 조금씩 어려운 순서대로 소개하고 설명하고 있습니다. 다음은 12가지 성경연구 방법들입니다.

1. 묵상식 연구   2. 장별 요약 연구
3. 성품 연구   4. 테마별 연구
5. 인물별 연구   6. 주제별 연구
7. 낱말 연구   8. 책별 배경 연구
9. 책별 개관 연구   10. 장별 분석 연구
11. 책별 종합 연구   12. 구절별 분석 연구

4) 성경연구를 위한 '자료'를 사용하십시오.

음악을 연주하는 사람들이 좋은 악기를 사지 못해 안달하는 것을 보신 적 있습니까? 연주 실력이 같다면, 얼마나 좋은 악기를 사용하는가에 따라서 그 음질이 좌우됩니다. 마찬가지로 성경연구를 위해서 좋은 자료를 가지고 있다는 것은 그만큼 우리를 풍성하게 합니다. 다음에서 소개하는 도구들을 여러분의 것으로 삼아 보십시오.

① 다양한 성경 번역본
 - 개정개역판   - 현대인의성경
 - 쉬운성경   - 새번역

> **새들백 이야기 :**
> 릭 워렌은 "주머니 사정이 허락하는 한 서로 다른 번역본들을 많이 가지도록 하라"고 권면한다. 그는 많은 번역본을 소장하고 있지만, Any Translation New Testament를 좋아한다. 이 번역본에는 서로 다른 여덟 개의 번역판이 한 페이지에 나란히 실려 있다. 요한복음 15:1-8까지의 본문이 실린 그 옆 페이지에는 KJV, Living Bible, Good News, NASV, NIV, Phillips의 번역들이 같이 실려 있다. 따라서 열 권의 서로 다른 성경들을 책상 위에 죽 늘어놓아야 하는 불편을 덜어 준다. 릭 워렌 목사가 어떤 것보다도 더 많이 활용하는 도구가 이 책이라고 말한다.

② 인터넷 성경
　- 다양한 성경번역본은 성경을 연구하는 데 많은 도움을 줍니다. 인터넷을 통해서도 다양한 번역본을 서비스 받을 수 있습니다.
　- bible.godpia.com　　- www.holybible.org

③ 성경개관
　- 손에 잡히는 성경 이야기(전4권, 국제제자훈련원)
　- 날마다 주님과 함께(디모데)
　- 한 눈에 보는 성경(디모데)
　- 주제별 성경연구(두란노)

④ 성구사전
　- 비전 성구사전(두란노)

성경연구에 진심으로 관심 있는 그리스도인이라면 성경용어사전(concordance)을 권합니다. 어떤 사람과 대화 중에 성경구절 하나가 떠올랐는데 그 구절의 출처를 기억하지 못했던 경험이 있지 않습니까? 이럴때 성경용어사전이 필요합니다. 이 사전에는 성경 속의 모든 단어와 그 단어가 기록된 위치가 모두 기록되어 있습니다. 만일 '사랑'이라는 단어를 찾는다면 '사'파트에서 '사랑'을 찾을 수 있습니다. 그리고 그 단어가 쓰인 모든 성경 본문을 알 수 있습니다.

⑤ 성경사전
　　- IVP 성경사전(IVP)
　　- 아가페 성경사전(아가페출판사)
　　- 비전성경사전(두란노)

성경핸드북은 작고 설명이 간결합니다. 백과사전과 성경사전은 보다 세세한 정보를 싣고 있습니다. 읽어 보시면 재미를 느낄 것입니다. 이전에는 들어본 적이 없는 이야기들이 실려 있습니다. 어떤 것에 대해서 의문이 생겼으나 마땅히 대답해 줄 사람이 없는 경우에 성경사전을 찾으십시오. 그곳에 당신이 원하는 모든 정보가 담겨져 있습니다.

⑥ 성경지도
　　- 아가페 성서지도(아가페출판사)

⑦ 성경주석
　　- IVP 성경주석 구약·신약　　　-NBC 21세기판(IVP)
　　- IVP 성경배경주석

성경연구 보조 자료를 구입하는 일에 흥미가 있는 분에게는 주석을 추천합니다. 주석이란 신학자들이 모여서 그들의 지혜를 모아 "이것이 이 성경구절의 의미다"라고 제시한 것입니다. 훌륭한 책임에는 틀림이 없습니다. 그러나 이러한 주석을 먼저 보시게 되면 스스로 진리를 발견했을 때 느끼는 기쁨은 맛보실 수 없게 됩니다. 그러므로 주석은 여러분 스스로가 먼저 해답을 구하려고 노력한 이후에 참고하시기 바랍니다.

⑧ 컴퓨터 소프트웨어
- 대한성서공회 성경 CD-ROM
- 파워바이블 v 3.0
- 임마누엘 성경 version 5.0

참고 :
인터넷 검색을 통해 다양한 무료 성경 프로그램을 찾을 수 있을 것이다.

인도자를 위한 팁
손가락을 활용하라. 지금까지 중지에 해당하는 '연구'에 대해서 살펴보았다. 이제는 약지에 해당하는 '암송'에 관해서 살펴볼 것이다.

4. 하나님의 말씀을 암송하십시오. 암기, 암송!

"내 계명을 지켜 살며 내 법을 네 눈동자처럼 지키라 이것을 네 손가락에 매며 이것을 네 마음판에 새기라"(잠 7:2-3).

당신의 영이 건강하기를 소망하십니까? 성경을 외우십시오. 이보다 더 좋은 비법을 저는 알지 못합니다. 성경암송이 발휘하는 능력은 여러분의 상상을 초월합니다. 성경을 암송해 두면 그 성경구절이 필요한 상황이 닥쳤을 때 마음속에서 기억나는 경험을 하게 됩니다. 성구를 암송해 두지 않아서 문제 해결의 기회를 놓치고 적절한 대답을 하지 못한 경험이 여러분에게는 없으십니까?

1) 우리는 자신에게 중요한 것을 꼭 기억합니다.

"주님께서 나에게 친히 일어주신 그 법이, 천만 금은 보다 더 귀합니다"(시 119:72, 새번역).

'더 귀합니다'에 밑줄 치십시오. 어린아이들이 만화책에 나오는 등장인물의 이름이나 동식물 혹은 외우기 어려운 공룡의 이름을 줄줄 외우는 것을 보셨습니까? 좋아하는 스포츠 스타가 속한 팀의 선수들의 이름이나 연예인들의 정보를 외우는 것도 마찬가지입니다. 우리는 누구나 중요하다고 생각하는 것은 잊어버리지 않고 외웁니다. 하나님의 말씀이 중요하다는 것을 누구나 인정합니다. 따라서 말씀을 암송하는 것은 당연한 것입니다.

2) 성경암송에는 어떤 유익이 있습니까?

① 성경암송은 <u>시험(유혹)</u>을 물리치도록 도와줍니다.

이 유익을 가장 대표적으로 체험한 사람은 광야에 계시던 예수 그리스도였습니다. 마귀가 그를 시험했을 때 예수님은 매번 성경을 인용해서 시험을 물리치셨습니다. 그분이 성경의 저자이시니 기억하고 계시는 것이 당연하다고 생각하십니까? 중요한 사실은 그분도 성경을 암기하고 계셨다는 점입니다.

아래의 시편 기자의 마음을 가지시기 바랍니다. 이러한 마음이 생기기를 소원하면서 함께 읽도록 하겠습니다.

"내가 주께 범죄하지 아니하려 하여 주의 말씀을 내 마음에 두었나이다"(시 119:11).

② 성경암송은 지혜로운 <u>결정</u>을 내릴 수 있도록 도와줍니다.

"주의 말씀은 내 발에 등이요 내 길에 빛이니이다"(시 119:105).

많은 성도들이 기도할 때 자주 "주님, 지금 제가 어떻게 해야 하나요?" 하고 질문합니다. 그러면 한 성경구절이 마음에 떠오릅니다. 물론 이전에 암송해 두었던 구절입니다. 만일 암송해 두지 않았더라면 그러한 지혜로운 결정을 내리지 못했을지도 모릅니다.

③ 성경암송은 스트레스를 받을 때 강하게 해 줍니다.

"주님께서는 말씀으로 내게 희망을 주셨습니다. 주님의 말씀이 나를 살려 주었으니, 내가 고난을 받을 때에, 그 말씀이 나에게 큰 위로가 되었습니다"(시 119:49-50, 새번역).

'큰 위로'에 밑줄 치십시오. 당신이 긴장해 있거나, 신경이 날카롭거나 불안할 때 당신의 머릿속에 암기되어 있는 성경구절이 능력을 발휘한다는 사실을 믿으시기 바랍니다.

인도자를 위한 팁

인도자는 말씀 암송을 통한 개인적인 체험을 참가자들과 나눌 수 있도록 하라. 다음은 릭 워렌 목사의 간증이다.

"두 번의 설교를 마치고 나자 목소리는 갈라지기 시작했고 몸은 천근 같은 피로를 느꼈습니다. '주님, 세 번째 예배 설교를 위해서는 힘이 필요합니다.' 그 순간 이사야 40:31이 마음속에 떠올랐습니다. '오직 여호와를 앙망하는 자는 새 힘을 얻으리니 독수리의 날개치며 올라감 같을 것이요 달음박질하여도 곤비하지 아니하겠고 걸어가도 피곤치 아니하리로다.' 이전에 암송했던 이 말씀이 참으로 내게 필요한 순간에 힘이 되었습니다."

④ 성경암송은 마음이 힘들 때 위로해 줍니다.

"만군의 하나님 여호와시여 나는 주의 이름으로 일컬음을 받는 자라 내가 주의 말씀을 얻어먹었사오니 주의 말씀은 내게 기쁨과 내 마음의 즐거움이오나"(렘 15:16).

기억하십시오. 책꽂이에 꽂혀 있는 성경책은 아무런 유익이 없습니다. 인생에 대한 모든 해답이 그 속에 있지만 그 성경을 여러분의 삶 속으로 초대하지 않는다면 아무런 의미를 갖지 못합니다. 그저 또 다른 한 권의 책에 불과할 뿐입니다. 성경을 더 많이 마음속에 담아 두십시오. 보다 강한 그리스도인이 될 수 있습니다. 말씀을 마음에 담아 두는 작업이 바로 암송입니다.

⑤ 성경암송은 불신자들에게 <u>전도</u>할 수 있도록 도와줍니다.

"너희 마음에 그리스도를 주로 삼아 거룩하게 하고 너희 속에 있는 소망에 관한 이유를 묻는 자에게는 대답할 것을 <u>항상 준비하되</u> 온유와 두려움으로 하고"(벧전 3:15).

'항상 준비하되'에 밑줄 치십시오. 어떤 이가 여러분에게 "이 문제에 관해서 성경은 무엇이라고 가르칩니까?" 혹은 "왜 그렇게 생각하십니까?"라고 질문할 때 암송해 둔 성구가 큰 도움이 될 것입니다.

2) 성경말씀을 암송하기 좋은 때는 언제입니까?

① 매일 경건의 시간에
② 운동하면서
③ 기다리는 시간(자투리 시간)에
④ 잠들기 전에(시 63:6)

경건의 시간도 좋고, 운동 중일 때도 좋은 기회입니다. 공원을 산책하거나 혹은 조깅하는 시간에 성경암송을 즐길 수 있습니다. 성구를 적은 카드를 가지고 걸어 다니면서 이해하고 암기하고 생각하고 묵상할 수 있습니다. 누구를 기다리는 시간이나 혹은 잠깐의 자투리 시간도 좋은 기회입니다. 잠자리에 들기 바로 직전의 시간도 좋습니다. 영적인 생각과 함께 잠자리에 든다는 것이 멋지지 않습니까? 어떤 분은 자동차의 햇빛 가리개에 성구암송카드를 끼워 놓고 빨간 신호등이 걸리면 햇빛 가리개를 내려 성구를 외웁니다. 다른 어떤 시간도 아니고 단지 이 시간만으로 500개 이상의 성구를 암송했다고 합니다. 각자에게 가장 좋은 방법을 찾으십시오.

> **새들백 예화 :**
> 다음은 릭 워렌의 고백입니다.
> "저는 대학에 다닐 때 2층 침대의 아래층을 사용했는데, 카드에 성구를 써서 그 카드를 위층 침대 바닥에 붙여 두었습니다. 성경을 읽을 수도 없이 피곤할 때 그냥 침대에 눕기만 하면 거기 하나님의 말씀이 있었습니다. 아침이 되어 눈을 뜨면 거기에 하나님의 말씀이 있었습니다. '내가 나의 침상에서 주를 기억하며 새벽에 주의 말씀을 작은 소리로 읊조릴 때에 하오리니'(시 63:6)."

3) 어떻게 성경말씀을 암송합니까?

① 의미 있게 다가오는 성경말씀 한 구절을 선택하십시오.

> **참고 :**
> 균형 잡힌 암송을 위해서 성구들을 모아 참가자용 교재 49, 50페이지에 실었다.

② 몇 장 몇 절인지를 성경구절 앞부분과 마지막 부분에 말하십시오.

가장 기억하기 어려운 부분이 바로 이 부분입니다. 그러므로 말씀을 외우기 전에 한 번, 암송을 마친 후 한 번 이렇게 두 번 말하십시오.

③ 선택한 구절을 소리 내어 여러 번 반복해 읽으십시오. 읽으면서 녹음을 하십시오.

큰 소리로 읽는 것은 암송에 많은 도움이 됩니다. 그저 눈으로 읽기만 해서는 암송이 힘듭니다. 무엇인가를 암송할 때 귀가 하는 역할을 무시하지 마십시오.

④ 선택한 구절을 자연스럽게 몇 부분으로 나눠서 외우십시오.

무엇보다도 그 말씀이 자연스럽게 이해가 될 때에 가장 잘 암송할 수 있습니다. 따라서 주술관계를 잘 살펴서 자연스러운 부분으로 나누어서 외우시기 바랍니다.

⑤ 선택한 구절을 암송할 때 핵심 단어들을 강조하십시오.

선택한 구절을 자연스럽게 나누면 상조할 부분도 구별할 수 있게 됩니다.

⑥ 선택한 구절을 노트에 기록한 후 한 번에 한 단어씩 지우며 암기하십시오.

이 방법은 아이들과 함께 즐겨 사용할 수 있는 방법입니다. 성경구절을 씁니다. 단어 하나를 지웁니다. 큰 소리로 성구를 읽습니다. 또 단어 하나를 지웁니다. 또 큰 소리로 성구를 읽습니다. 모든 단어가 지워졌을 즈음에는 이미 그 성구가 종이를 떠나 부모와 아이들의 머릿속으로 들어와 있을 것입니다.

⑦ 암송 카드를 활용해 외우십시오.

시중에 판매되는 것을 사용할 수도 있고, 직접 만들 수도 있습니다. 직접 만들 때에는 앞면에는 장절을, 뒷면에는 성경구절을 기록해서 외우면 더욱 도움이 됩니다.

⑧ 몇 장의 암송 카드를 항상 휴대하고 다니면서 복습하십시오.

호주머니나 지갑에 보관하기에 불편함이 없을 정도로 휴대하도록 하십시오. 전화기나 휴대용 전자제품을 이용하는 것도 좋습니다.

⑨ 잘 보이는 곳에 암송하는 구절 카드를 두십시오.

많은 사람들이 화장실이나 냉장고 등에 암송 카드를 부착해서 암송을 합니다. 햇빛 가리개나 2층 침대 바닥도 한 장소일 것입니다.

⑩ 단어 하나하나를 늘 정확하게 암송하십시오.
⑪ 선택한 구절에 곡을 붙여 노래를 만들어 보십시오.

성경암송을 위해 만들어진 노래들은 큰 도움이 됩니다.

⑫ 파트너를 구해서 서로 점검해 주십시오.

부부가 함께 암송을 하면서 틀린 부분을 점검해 줄 수 있습니다. 암송을 가장 잘 할 수 있는 방법은 파트너와 함께하는 것입니다.

⑬ 한 주일에 두 절씩 시작하는 것이 바람직합니다.

1주일에 두 구절씩 암송해 보십시오. '매일 하나씩 암송하라'고 권하고 싶지 않습니다. 여러분들 중에는 이미 내용에 익숙해서 그저 몇 장 몇 절인지만 암송해도 되는 분들도 있을 것입니다. 이미 많은 성구들이 여러분의 머리에 들어 있습니다. 1주일에 두 구절씩을 목표로 시작하십시오. 그리고 다음 주에는 이번 주의 것과 함께 두 절을 더 외우십시오. 시간이 지날수록 암송의 양이 점점 늘어갑니다.

> **인도자를 위한 팁**
>
> 14번의 빈칸에 정답을 기록하기 전에 먼저 참가자들에게 질문을 해 보라. "성경암송의 비결이 세 가지 있습니다. 여러분이 그 세 가지 비결이 무엇인지 한 번 말씀해 보시겠습니까?" 그리고 정답을 말해 보라. 복습을 더욱 강조할 수 있다.

⑭ 성경암송의 비결 세 가지는 : 복습, 복습, 복습입니다.

성경암송에는 세 가지의 비결이 있습니다. 그 첫 번째는 '복습'입니다. 자주 자주 반복하십시오. 두 번째도 '복습'입니다. 세 번째도 '복습'입니다.
"나는 아무것도 외울 수 없어"라고 말하는 분이 혹 계실지 모르겠습니다. 말도 안 되는 말씀! 자신에게 중요한 일은 꼭 기억하는 것이 우리 인간의 속성입니다. 어떤 분은 지난 시즌 동안 야구 스코어나 드라마 제목과 시간대, 등장인물을 모두 기억합니다. 또 어떤 자매는 수도 없이 많은 요리 방법과 그 속에 필요한 양념과 재료의 양을 모두 정확히 기억합니다. 흥미가 있는 것은 꼭 기억합니다. 성경암송에 흥미가 있습니까? 그러면 기운 내십시오. 할 수 있습니다.

4) 성경말씀 암송의 기본 코스

성경암송 구절

아래 성경구절들은 균형 잡힌 암송을 위해 선택되었습니다. 이 구절들은 그리스도인의 삶과 신앙 성장의 기초를 이해하는 데 필요한 핵심 성경구절들입니다. 꼭 이 구절을 먼저 암송해야만 되는 것은 아닙니다. 이 구절들은 "핵심" 구절을 암송하는 것이 얼마나 중요한지를 이해하도록 도와주는 도구일 뿐입니다.

- **새로운 삶**
  중심 되신 그리스도   고후 5:17; 갈 2:20
  그리스도께 순종   롬 12:1; 요 14:21
  말씀   딤후 3:16; 수 1:8
  기도   요 15:7; 빌 4:6-7
  교제   마 18:20; 히 10:24
  증거   마 4:19; 롬 1:16

- **그리스도를 전파함**
  - 모든 사람이 죄를 범함   롬 3:23; 사 53:6
  - 죄의 형벌   롬 6:23; 히 9:27
  - 그리스도가 형벌을 받음   롬 5:8; 벧전 3:18
  - 선행으로 구원받지 못함   엡 2:8-9; 딛 3:5
  - 그리스도를 모셔야 함   요 1:12; 계 3:20
  - 구원의 확신   요일 5:13; 요 5:24

- **하나님을 의뢰함**
  - 성령   고전 3:16; 고전 2:12
  - 능력   사 41:10; 빌 4:13
  - 성실   애 3:22; 민 23:19
  - 평안   사 26:3; 벧전 5:7
  - 공급   롬 8:32; 빌 4:19
  - 유혹에서 도우심   히 2:18; 시 119:9, 11

- **그리스도 제자의 자격**
  - 그리스도를 첫 자리에 모심   마 6:33; 눅 9:23
  - 죄에서 떠남   요일 2:15-16; 롬 12:2
  - 견고함   고전 15:58; 히 12:3
  - 다른 사람을 섬김   막 10:45; 고후 4:5
  - 후히 드릴 것   잠 3:9-10; 고후 9:6-7
  - 세계 비전   행 1:8; 마 28:19-20

- **그리스도를 닮아감**
  - 사랑   요 13:34-35; 요일 3:18
  - 겸손   빌 2:3-4; 벧전 5:5-6
  - 순결   엡 5:3; 벧전 2:11
  - 정직   레 19:11; 행 24:16
  - 믿음   히 11:6; 롬 4:20-21
  - 선행   갈 6:9-10; 마 5:16

> **인도자를 위한 팁**
>
> 손가락을 활용하라. 지금까지 약지에 해당하는 '암송'에 관해서 살펴보았다. 이제 새끼손가락에 해당하는 '묵상'에 대해서 살펴볼 것이다.

5. 하나님의 말씀을 묵상하십시오.

"(복 있는 사람은) 여호와의 율법을 즐거워하여 그의 율법을 주야로 묵상하는도다 그는 시냇가에 심은 나무가 철을 따라 열매를 맺으며 그 잎사귀가 마르지 아니함 같으니 그가 하는 모든 일이 다 형통하리로다"(시 1:2-3).

묵상이란 나를 향해 말씀하시는 성경 한 구절을 집중적으로 생각하는 것으로, 그 말씀의 진리를 나의 삶에 적용하기 위한 과정입니다. 묵상은 그리스도를 닮아가는 핵심 과정입니다.

말씀을 묵상한다는 말은 동시에 그 말씀을 되새김질한다는 의미를 지닙니다. 되새김질이란 소가 풀을 씹고, 삼키고, 게워내서 다시 씹고 삼키는 과정을 일곱 번 정도 반복하는 행위를 말합니다. 소가 이렇게 하는 이유는, 먹은 풀에서 모든 영양소를 하나도 남김없이 다 흡수하기 위해서입니다. 하나님의 말씀을 대하는 우리의 태도 역시 그래야 합니다. 시간을 들여서 하나님의 말씀에 우리의 생각을 집중해서 그 말씀에서 나오는 영적 영양분을 하나도 남김없이 먹으려는 노력이 필요합니다.

마음속에 늘 걱정이 있는 분이 계십니까? 마음속에 걱정이 있다면 묵상의 능력도 가지고 있다는 증거입니다. '걱정'이란 부정적인 성향의 묵상이기 때문입니다. 무언가에 대해서 '근심'하고 있습니까? 여러분은 지금 그 문제를 되새김질하고 있는 것입니다. 생각하고, 침대에 누워서 또 생각하고, 자면서 생각하고, 아침에 눈을 뜨면서 또 생각하고. 이러한 행위가 바로 '부정적 묵상'입니다. 반대로 하나님의 말씀과 선한 것에 대해 긍정적으로 생각하고 있습니까? 그것이 바로 성경이 요구하는 묵상입니다.

"그 무엇보다도 네 마음을 지켜라. 여기서부터 생명의 샘이 흘러나온다"(잠 4:23, 현대).

1) 왜 성경말씀을 묵상해야 합니까?

묵상의 방법을 설명하기에 앞서서 '왜'라는 질문을 던지는 것은 너무나도 당연합니다. 세 가지 이유를 설명드릴 것입니다. 이 이유들은 묵상의 소중함을 깨닫게 해 줄 것입니다.

① 그리스도를 <u>닮</u>아가는 비결이기 때문입니다.

우리는 가장 많이 생각하는 그것(그것이 무엇이든지 간에)으로 변하게 되어 있습니다. 가족에게 닥칠 재난을 생각하십니까? 열심히 노력하는 이 일이 또 실패한다면 어쩌나 하는 걱정에 휩싸여 있습니까? 그런 생각 때문에 실제로 실패가 우리 앞에 현실로 다가올 수도 있습니다. 여러분의 생각이 여러분의 미래를 좌우합니다.

그리스도를 닮기 원하십니까? 그에 관해 생각하는 일에 시간을 들이십시오. 우리는 스스로 되어야겠다고 결심하는 그런 사람이 될 수 있습니다.

"…마음을 <u>새롭게 함</u>으로 변화를 받아…"(롬 12:2).

'새롭게 함'에 밑줄 치십시오. 묵상은 인격이 변하는 과정의 일부분입니다. 말씀과 주님에 대해 묵상할 때, 하나님은 우리의 마음을 새롭게 하시고, 나쁜 생각들을 몰아내시고 선한 생각들로 채워주십니다.

"<u>그(주님)와 같은 형상으로 변화하여</u> 영광에서 영광에 이르니 곧 주의 영으로 말미암음이니라"(고후 3:18 하).

'그와 같은 형상으로 변화하여'에 밑줄 치십시오. 주님과 그의 말씀을 깊이 상고하면 할수록 우리는 보다 더 많이 그분을 닮아갑니다.

그리스도와 같은 인격으로 변화되기를 소망하십니까? 그렇다면 묵상하십시오.

② 기도 응답을 받는 비결이기 때문입니다.

우리는 묵상을 통해서 엄청난 유익을 얻을 수 있습니다. 그 유익의 대표적인 것이 기도의 응답입니다.

> "너희가 내 안에 거하고 내 말이 너희 안에 거하면 무엇이든지 원하는 대로 구하라 그리하면 이루리라"(요 15:7).

'무엇이든지 원하는 대로 구하라'에 밑줄 치십시오. 무조건입니까? 아닙니다. 그러면 조건이 무엇입니까? '너희가 내 안에 거하고 내 말이 너희 안에 거하면'이라는 조건이 충족된 후에 원하는 것을 구하라고 말씀하십니다.

그리스도를 알아감에 따라 여러분의 생각이 그리스도의 생각으로 바뀌어질 것입니다. 그때는 나의 기도가 하나님의 뜻에 근거한 기도임을 알기 때문에 보다 강한 확신을 가지고 기도할 수 있습니다. 나의 마음이 하나님의 마음과 크게 다르지 않으므로 지금 내가 구하는 바가 그분의 뜻에서 크게 벗어날 리가 없다는 확신을 가질 수 있습니다. 이런 확신이 생기면 나의 기도가 이루어질 것이라는 믿음도 커지게 됩니다.

인도자를 위한 팁 **묵상을 통한 다른 유익들**

우리가 매일 경건의 시간을 가지면 다음과 같은 유익들을 얻게 된다.
- 기쁨(시 16:11; 119:47, 97, 162; 렘 15:16)
- 능력(사 40:29-31)
- 평화(시 119:165; 사 26:3; 48:18; 롬 8:6)

> – 안정(시 16:8-9; 46:1-3; 55:22; 57:7)
> – 성공(수 1:8)
>
> 그리고 최종적으로 우리의 삶이 다른 사람들과 다르다는 것을 깨닫게 된다(행 4:13). 그래서 주님과 함께하는 삶을 통해서 예수님을 모르는 사람들에게 그분을 증거할 수 있는 확신과 담대함이 생겨나게 된다.

③ 성공적인 삶의 비결이기 때문입니다.

"이 율법책을…주야로…묵상하여 그 안에 기록된 대로 다 지켜 행하라 그리하면 네 길이 평탄하게 될 것이며 네가 형통하리라"(수 1:8).

'네 길이 평탄하게 될 것이며 네가 형통하리라'에 밑줄 치십시오. NIV는 'you will be prosperous and successful'이라고 번역하고 있습니다. 성경 전체에서 '성공'(success)이라는 단어가 사용된 유일한 본문입니다. 이 말씀을 지키십시오. 하나님이 성공을 약속하셨습니다.

이 말씀을 보고 마술 지팡이나 도깨비 방망이를 생각하는 분이 있을지도 모르겠습니다. '내가 말씀을 묵상하면 요정 이야기에 등장하는 '변해라!'와 같은 주문과 함께 내가 갑자기 성공한 사람으로 변하겠구나'하고 생각하지는 않으십니까? 그건 진실이 아닙니다. 앞서도 말씀드렸지만 오늘 나의 생각이 미래의 나의 모습입니다.

주 예수 그리스도와 그의 방법을 묵상하고 그와 같이 되기를 소망합니까? 그렇다면 성공적인 삶이 기다리고 있습니다. 왜일까요? 그 이유는 다음과 같습니다. 주 예수와 그의 방법을 묵상했기 때문에 그를 닮아 사람들을 부정적으로 대하는 나쁜 습관을 버리고 사람들을 사랑할 것입니다. 그리고 정직하게 일할 것입니다. 그러면 하나님께서는 이 정직하고 충성된 자에게 번영의 축복을 허락하실 것입니다. 이 이야기는 동화가 아닙니다. 우리의 생각을 하나님의 생각과 일치시킬 때 우리의 삶에 성공이라는 축복을 허락하시는 하나님의 방법입니다.

> **인도자를 위한 팁** **묵상의 시간을 갖지 않을 때**
>
> 묵상의 시간을 갖지 않을 때 우리는 다음과 같은 결과를 생각해야 한다.
> - 우리에게 주어진 특권들을 누리지 못하게 된다.
> - 예수님과 같은 능력과 새로움을 경험하지 못하게 된나.
> - 하나님께 크게 쓰임을 받지 못하게 된다.
> - 평생 힘없고 유약한 채로 살아가게 된다.

2) 어떻게 성경말씀을 묵상합니까?

① 그림을 그려보십시오.
　마음속에 구절의 내용을 시각적으로 그려 보십시오.

이 방법은 스토리가 있는 성경 본문을 읽을 때 도움이 됩니다. 마음속에 그림을 그리십시오. 그리고 그 그림에서 떠오르는 생각을 기록하십시오.

> **인도자를 위한 팁**
>
> 특정 성경구절을 가지고 함께 그림을 그려 보라. 우물가 여인(요한복음 4장)을 그림으로 상상해 보아라. 다섯 번 결혼했다가 그녀의 남편이 아닌 다른 사람과 살고 있는 여자가 옆에 앉아 있다. 그녀는 생면부지의 낯선 이에게 마치 그를 아주 옛날부터 알았던 것처럼 자신의 인생살이를 이야기하고 있다.
> 　이렇게 질문해 보라. 어떤 모습이 그려지는가? 그녀는 어떤 모습이었을까? 그녀 스스로는 이러한 상황을 어떻게 받아들이고 있었을까?

② 그 구절을 여러 번 읽으십시오.
　매번 다른 단어들을 강조하며 큰 소리로 읽으십시오.

"내게 능력주시는 자 안에서 내가 모든 것을 할 수 있느니라"(빌 4:13)에서 '내가'를 강조하면서 크게 읽으십시오. "그래! 나다! 빌리 그레이엄도 아니고 내가 존경하는 그 누구도 아니다." 하나님은 내가 모든 일을 할 수 있다고 말씀하고 계십니다.
　다음에는 '할 수 있느니라'를 강조하십시오. 동화로는 어림도 없는 희망과 격려를 느끼지 않으십니까? 할 수 있다고 하나님이 말씀하십니다.
　다음에는 '모든 것'을 강조하며 읽으십시오. 쉬운 훈련은 아닙니다. 매번 다른 단어를 강조하면서 크게 읽으십시오. 그렇게 할 때 매번 새로운 의미가 새겨질 것입니다.

③ 그 구절의 내용을 쉽게 풀어서 다시 써 보십시오.
　그 구절을 나 자신의 말로 쉽게 설명하며 다시 써 보십시오.

성경구절을 자신의 말로 다시 적으십시오. 성구를 이해하는 데 어려움을 느끼십니까? 어떻게든 자신의 말로 다시 적어 보십시오. 더 많은 의미를 깨달을 수 있습니다.
　처음에는 익숙하지 않기 때문에 잘 안 될 수도 있습니다. 개인적인 차이가 있는 것도 사실입니다. 쉽지 않지만 도전해 보십시오. 묵상을 돕는 좋은 훈련임에 틀림이 없습니다.

④ 그 구절을 개인화하십시오.
　그 구절에 나오는 대명사 혹은 사람을 나의 이름으로 바꾸어 보십시오.

대명사나 사람 이름 대신에 자신의 이름을 넣으십시오. 약속의 말씀에 자신의 이름을 써넣으십시오. 낙담되어 하나님의 말씀이 나를 제외한 다른 모든 사람들을 위한 것인지도 모른다는 생각에 휩싸일 때 이 방법을 사용하십시오. 큰 힘이 될 것입니다. 이름을 쓰고 나면 "그래, 하나님의 말씀은 나를 위한 것이다. 이 말씀은 진실로 나를 위한 것이다. 나를 향한 그분의 약속이다"라는 생각이 물결처럼 밀려들 것입니다.

> **인도자를 위한 팁**
>
> 특정 성경구절을 가지고 잠시 함께 개인화해 보라. 예를 들어 여호수아서 1:9 말씀에 자신의 이름을 넣어 보라. "○○아 어디로 가든지 네 하나님 여호와가 ○○이 너와 함께하느니라." 요한복음 3:16은 이렇게 읽을 수가 있다. "하나님이 ○○을 이처럼 사랑하사 독생자를 주셨으니 이는 저를 믿는 ○○이 멸망치 않고 영생을 얻게 하려 하심이라."

⑤ 그 구절을 가지고 기도하십시오.
   그 구절을 사용해 하나님께 기도해 보십시오.

성경구절을 사용해서 기도하십시오. 시편 가운데 "주의 얼굴을 나에게서 어느 때까지 숨기시겠나이까"(시 13:1)라는 다윗의 기도를 읽었습니까? 오늘 하루 중 이 말씀과 똑같은 탄식을 하게 될 것입니다. 다윗의 기도를 나의 기도로 바꾸십시오. 나의 기도가 아니라는 생각을 하지 마십시오. 결코 베끼기가 아닙니다. 성경 속의 많은 기도들을 나의 기도로 바꾸어 하나님께 올려 드리십시오.

⑥ 다음과 같은 아홉 가지 질문들을 던져 보십시오.

> **인도자를 위한 팁**
>
> 아래의 아홉 가지 질문법은 릭 워렌 목사가 개발해서 사용하는 것이다. 어떤 성경어휘에서 아무런 느낌도, 통찰력도 얻지 못할 때 이 방법을 사용한다고 한다. 그의 아내인 케이 워렌은 이것을 성경 앞뒤쪽 백지에 적어 두고 아이들을 기다리는 시간이나 지루함을 느낄 때 이 질문들로 잠깐 성경을 연구하고 하나님의 말씀을 듣는다고 한다.

3) 어떻게 하면 말씀이 나를 점검하고 변화시키게 할 수 있습니까?
아래의 'S.P.A.C.E.P.E.T.S.' 질문들을 활용해서 하나님께서 성경말씀을 통해 당신에게 무엇이라고 말씀하시는지 찾으십시오.

어떤 한 구절에 초점을 맞춰서 다음과 같이 질문해 보세요.

① 내가 '고백할 죄'가 있는가?(SIN TO CONFESS)

S-Sin : 고백할 죄는 없는가? 이 본문을 통해서 내가 고백해야 할 죄가 있는가? 대부분의 경우에 이 질문에 대해서 '예'라는 대답을 하게 됩니다. 좋으신 하나님은 거의 언제나 회개해야 할 나의 죄를 밝히 보여 주십니다. 저는 하나님의 말씀을 볼 때면 언제나 주님께 회개할 필요가 있는 내 죄를 발견하게 됩니다.

② 내가 '붙들고 나갈 약속'이 있는가?(PROMISE TO CLAIM)

P-Promise : 주장할 약속이 있는가? 그것은 보편적인 약속인가? 나는 그 약속을 주장할 조건을 갖추었는가?

③ 내가 '고쳐야 할 태도'가 있는가?(ATTITUDE TO CHANGE)

A-Attitude : 변해야 할 태도는 없는가? 신실하신 하나님은 그분의 생각과 동떨어진 것이기에 반드시 변해야 할 나의 태도를 깨우쳐 주십니다.

> **새들백 예화 : 케이 워렌의 간증**
> 2년 전 저는 아주 고통스러운 경험을 한 일이 있습니다. 저에게는(케이 워렌) 마약중독자인 동생이 하나 있었는데, 하나님은 그와 관련해 제가 회개해야 할 죄와 고쳐야 할 태도를 분명히 보여 주셨습니다. 그 당시 서는 매우 분노하고 있었습니다.
> 시간이 흐를수록 그가 우리 가정에 끼친 고통에 대한 분노는 증오로 바뀌어 가고 있었습니다. 어느 날 성경연구 모임을 준비하는 중에 "누구든지 하나님을 사랑하노라 하고 그 형제를 미워하면 이는 거짓말하는 자니 보는 바 그 형제를 사랑하지 아니하는 자는 보지 못하는 바 하나님을 사랑할 수 없느니라"(요일 4:20)는 말씀을 보게 되었습니다. 제게 특별히 은혜가 되지는 않았지만 다른 사람들과 나누기에 좋은 구절인 것 같아 노트에 적어 두었습니다. 그리고 한 그룹의 자매들 앞에 서서 아주 훌륭한 성구라는 확신을 가지고 이 구절을 함께 나누었습니다. 그때 성령님은 저를 무릎 꿇게 하셨습니다. 동생을 향해 분노하고 있으며 그로 인해 하나님의 진리가 내 속에 있지 않음을 깨달았기 때문입니다.
> 제게는 이런 경험이 아주 많이 있습니다. 마음이 차갑고 삶 속에 빈자리가 있습니까? 이 방법을 사용하십시오. 고백해야 할 죄와 변해야 할 태도를 하나님께서 밝히 보여 주실 것입니다. 저처럼 사람들이 많은 공개적인 자리가 아니길 바랍니다. 하나님께서는 우리를 겸손히 무릎 꿇게 하지만 공개적인 자리는 아니길 원합니다. 그때 저는 하나님의 말씀 때문에 테이블에 머리를 숙이고 큰 소리로 울어야만 했습니다. 하나님께서 저에게 너무도 분명히 말씀하셨기 때문입니다.

④ 내가 '지켜야 할 명령'이 있는가?(COMMAND TO KEEP)

C-Command : 순종해야 할 명령은 없는가? 하나님의 말씀 속에는 선택이 없습니다. "오늘 하루 별 탈 없이 유쾌한 하루가 된다면 형제를 사랑하겠느냐?" 하고 물으시지 않습니다. 하나님은 "서로 사랑하라, 죄에서 씻음 받았으니 이제 서로 사랑하라"고 명령하십니다. 하나님의 말씀 가운데 많은 것들이 우리의 기분과는 상관없이 순종해야 할 명령들입니다.

⑤ 내가 '따를 모범'이 있는가?(EXAMPLE TO FOLLOW)

E-Example : 따라야 할 모범은 없는가? 이 본문에서 내가 본받아야 할 모범은 무엇입니까? 손과 발이 묶인 채로 감옥에 3년을 갇혀 있는 바울 선생을 생각해 보십시오. 바울의 태도는 어떠했습니까? 푸념하고 불평했습니까? 그는 기뻐했습니다. 이것은 내가 따라야 할 모범입니다. 지금과 같은 어려운 상황 속에서도 불평하고 푸념할 것이 아니라 바울의 모범을 따라 기뻐해야 합니다.

⑥ 내가 '기도해야 할 제목'이 있는가?(PRAYER TO PRAY)

P-Prayer : 간구할 기도가 있는가? 하나님께 나아가 기도할 것들이 있는가? 말씀의 내용과 흡사한 우리 생활 주변의 일들을 가지고 하나님께 기도제목으로 나아갈 수 있습니다. 매일 아침 신문을 읽으십니까? 모든 신문기사는 우리의 기도제목이 될 수 있습니다.

⑦ 내가 '피해야 할 잘못'이 있는가?(ERROR TO AVOID)

E-Error : 피해야 할 실수는 없는가? 사도행전의 아나니아와 삽비라를 기억하십니까? 그들은 하나님께 거짓말을 하는 참으로 어리석은 일을 행했습니다. 그들이 거짓말을 했기 때문에 하나님은 그 자리에서 그들을 치셨습니다. 이 사실은 우리에게 피해야 할 실수가 무엇

인지를 가르쳐 줍니다. 하나님께 거짓말하지 않아야 합니다. 아나니아와 삽비라의 결과를 알기 때문입니다. 이와 같은 묵상을 한 후에 기록하십시오. 이 사람과 같이 되지 않겠다, 이 사람들의 행동을 따르지 않겠다고 말입니다.

⑧ 내가 '믿어야 할 진리'가 있는가?(TRUTH TO BELIEVE)

T-Truth : 믿어야 할 진리는 무엇인가? 순종하기에 다소 부담이 되는 명령이 있는 것처럼 성경에는 이해하기 어려운 진리들이 몇 가지 있습니다. 그러나 우리들의 이해와는 상관없이 그것들을 믿어야 할 의무가 우리에게 있습니다. 성경을 읽다가 "말도 안 돼"라는 생각이 드는 부분이 있더라도 하나님과 논쟁하지 마십시오. "이해가 되면 그때 순종하겠습니다"라고 하지 마십시오. "하나님이 말씀하셨으므로 진리임을 믿습니다. 믿고 신뢰함으로 기다리면 하나님의 뜻을 제게 가르쳐 주실 것입니다"라고 기도하십시오.

⑨ 내가 '하나님께 감사해야 할 것'이 있는가?(SOMETHING TO THANK GOD FOR)

S-Something : 하나님께 감사해야 할 것은 무엇인가? 모든 성경 본문에는 하나님을 찬양할 이유가 들어 있습니다. 성경은 하나님과 그의 성품과 우리들을 위해 그분이 행하신 일들에 관한 내용입니다. 성경을 읽고 묵상하는 가운데 이러한 일들에 대해 감사하는 습관을 개발하십시오.

지금까지 하나님의 말씀을 내 것으로 만드는 다섯 번째 방법을 살펴보았습니다.

> **인도자를 위한 팁**
>
> 손가락을 활용하라. 지금까지 새끼손가락에 해당하는 '묵상'에 대해서 살펴보았다. 이제부터는 여섯 번째 방법이자 손바닥에 해당하는 '적용'을 살펴볼 것이다. 하나님의 말씀은 무엇보다 적용해야 한다. 지금까지의 다섯 가지 방법은 당신의 삶 속으로 하나님의 말씀을 초대하는 것이고, '적용'은 초대 이후에 당신이 해야 할 마지막 단계다.

6. 하나님의 말씀을 적용하십시오.

"너희는 말씀을 <u>행하는</u> 자가 되고 듣기만 하여 자신을 속이는 자가 되지 말라"(약 1:22).

"그러므로 누구든지 이 계명 중의 지극히 작은 것 하나라도 버리고 또 그같이 사람을 가르치는 자는 천국에서 지극히 작다 일컬음을 받을 것이요 누구든지 이를 <u>행하며</u> 가르치는 자는 천국에서 크다 일컬음을 받으리라"(마 5:19).

'행하는 자', '행하며'에 밑줄 치십시오. 사실 대부분의 사람들이 이 단계에서 어려움을 겪습니다. 어떻게 내 삶에 적용할 수 있습니까? 어떤 방법으로 적용할 수 있을까요? 53페이지의 그림을 보십시오.

1) 성경말씀을 적용하는 방법 : 적용의 다리

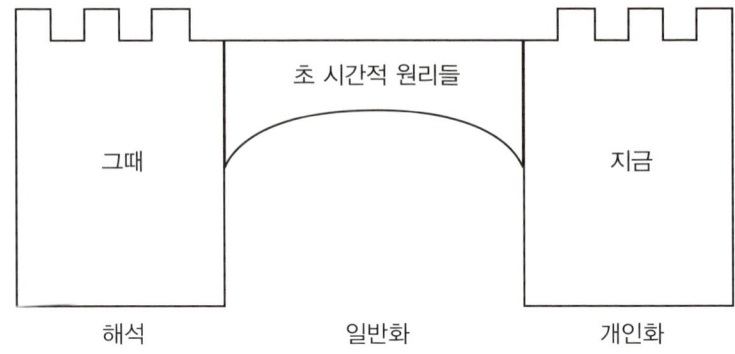

적용의 다리란 "이 사건이 그 당시에 가진 의미는 무엇이었는가?"에서 "이 사건이 오늘에 와서 가지는 의미는 무엇인가?"로 질문을 옮기는 것입니다. 성경 속의 시대와 지금 현재 내가 살고 있는 시대에 다리를 놓아 그 시대와 오늘 나의 삶에 동일하게 적용되는 영원불변의 원리 (principle)를 발견하는 것입니다. 성경 속의 모든 사건들은 그 이면에 하나 이상의 원리가 숨겨져 있습니다(성경 속에 우연히 일어난 사건은 하나도 없습니다. 가장 하찮아 보이는 사건일지라도 거기에는 반드시 배워야 할 원리가 감추어져 있습니다). 그러므로 이야기의 이면을 살펴 오늘날에 적용할 수 있는 원리를 발견하십시오.

다음 세 가지 질문이 도움을 줄 것입니다.

2) 적용을 위한 세 가지 질문을 활용하십시오.
① 본문이 그 당시의 사람들에게 무엇을 의미했습니까?(해석)
② 본문을 통해 얻을 수 있는 <u>초시간적(영원한)</u> 원리(들)"은 무엇입니까?(일반화)
③ 이 원리를 내 삶의 어느 영역에 어떻게 적용할 수 있습니까?(개인화)

참고 : 세 가지 질문을 사용한 예

사도행전 15장에는 목매어 죽인 것과 우상의 제물로 바쳐졌던 고기는 먹지 말라는 구절이 있습니다. 목매어 죽인 고기 혹은 우상에게 바쳤던 고기를 마지막으로 먹은 때가 언제입니까? 많은 사람들은 우상에게 바쳤던 고기를 먹은 기억이 없습니다. "이 구절이 나의 삶에 의미하는 바가 무엇인가? 이 이야기 뒤에 감춰진 원리는 무엇인가?" 이러한 의문을 다음과 같은 방법으로 풀어 가십시오.

① (해석의 단계) 이 본문은 당시의 사람들에게 무엇을 의미했습니까?

먼저 성경 속의 시대로 거슬러 올라가 이 구절이 그 시대에 가졌던 의미를 살펴봅니다. 성경사전을 펴서 우상에게 제물로 바친 고기에 관해 읽습니다. 그 시대에는 사람들이 우상에게 고기를 바쳤다는 사실을 발견할 것입니다. 우상은 고기를 먹을 수 없으므로 이틀 혹은 삼일 동안 그대로 두었다가 그 후에 거리로 가지고 가서 그 고기를 팔아 돈을 벌었습니다. 이방 종교의 제사장들은 제단에 바쳐진 고기를 취해서 몰래 들고 나가 시장에 내놓았습니다.

유대인들은 이런 고기를 먹는 것이 자신들의 종교의 가르침을 위반하는 일이었습니다. 우상에게 바친 고기를 먹는다는 것은 그 이방 종교에 참여하는 것이라고 생각했습니다. 그런데 바울은 "저나 여러분이나 우리 모두 그 고기가 패스트푸드점의 고기와 별로 다르지 않다는 것을 잘 알고 있습니다. 우상은 가짜이며 따라서 그 고기는 잘못된 것이 하나도 없습니다. 그러나 사람(기독교로 개종한 유대인들)을 실족케 하므로 먹어서는 안 됩니다"라고 이야기합니다. 사도행전 15장을 연구하면 예루살렘에서 있었던 큰 회의를 기록했다는 것을 알게 됩니다. 첫 번째 그리스도인들은 모두 유대인이었습니다. 이 유대인들은 바울의 복음 전파로 이스라엘 바깥의 사람들(안디옥과 그 이외 이방지역)이 그리스도인이 된 사실을 알게 되었습니다. 예루살렘 회의에서는 그리스도인이 되기 위해서는 우선 먼저 유대인이 되어야 하는지 판단해야 했습니다. 우리가 그리스도인이 되기 위해서는 모든 유대 법을 먼저 지켜야 할까요? 유대인 이외의 이방인들이 그리스도인이 되기 위해서 유대의 전통을 따라야 합니까?

결론을 말씀드리면 여러분은 그럴 필요가 없습니다. 그리스두인이 되기 위해 모든 유대 법을 지키지 않아도 된다는 사실이 기쁘지 않습니까? 유대인들은 다만 음행과 우상에게 바친 더러운 제물을 멀리하라고 이방인들에게 편지하기로 결론지었습니다.

② (일반화의 단계) 본문을 통해 얻을 수 있는 초시간적(영원한) 원리는 무엇입니까?

음행을 멀리하라는 첫 번째 권면의 의미는 명확합니다. 그러나 우상에게 제물로 바친 고기를 먹지 말라는 두 번째 권면의 진의는 무엇일까요? "여러분들에게는 유대인 형제가 있을 텐데 여러분들이 그런 고기 먹는 것을 그들이 본다면 그들로 하여금 거리끼게 하는 일이 됩니다." 이것이 유대인들이 말하려 했던 의미입니다. 그러나 바울은 그 의미를 좀 더 분명하게 했습니다. "우상에게 제물로 바친 고기를 먹는 것 자체가 죄는 아니지만 형제로 거리끼게 하는 일이기 때문에 금하는 것이 좋습니다." 따라서 그리스도 형제를 실족케 할 일은 행하지 않는다는 것을 원칙으로 합니다. 이것이 그때와 오늘의 시간을 초월한 원리입니다.

바울은 이 원리를 로마서 14:19에서 한 번 더 이야기합니다. "그러므로 우리가 화평의 일과 서로 덕을 세우는 일을 힘쓰나니" 21절에 계속해서 "고기도 먹지 아니하고 포도주도 마시지 아니하고 무엇이든지 네 형제로 거리끼게 하는 일"이 있다면 하지 않아야 한다고 말하고 있습니다.

③ (개인화의 단계) 이 원리를 내 삶의 어느 영역에 적용할 수 있습니까?
자, 이제는 적용의 단계입니다. 아주 실제적인 문제로 적용하겠습니다. 고기도 먹지 않고 포도주도 마시지 않는 것이 더 낫다고 바울은 말합니다. 저는 성경이 모든 종류의 알코올이 들어간 음료를 금지했다고는 생각하지 않습니다. 예수님도 포도주를 드셨다고 생각합니다. 사실 성경에 따르자면 예수님은 혼례잔치에서 최고의 포도주를 만드셨습니다. 성경은 "먼저 좋은 포도주를 내고 취한 후에 낮은 것을 내거늘 그대는 지금까지 좋은 포도주를 두었도다(요 2:10)"라고 기록하고 있습니다.
하지만 이 본문을 근거로 어떤 교회 사역자들은 술을 마시지 않습니다. 그 이유는 형제들로 거리끼게 하는 일이 된다면 술이든 고기든 먹지 않는 것이 더 낫다는 원리 때문입니다. 이 원리를 지키기 위해 우리 교회 사역자들은 물론 교회의 각종 모임에서 알코올이 들어간 음료는 허락하지 않습니다.
동일한 이유로 성찬식에도 알코올이 들어간 포도주를 사용하지 않습니다. 한 조사 결과에 의하면, 한국에서는 성인 남자의 70퍼센트가 음주를 하고 있고 전체 인구의 5퍼센트 이상이 상습적으로 술을 먹는 사람들입니다. 그리고 적어도 160만 명은 알코올 중독자라고 합니다. 몇 년 동안 술을 끊었던 사람이 교회에 왔다가 성찬식에 참여해서 포도주를 맛보고 또 다시 알코올의 늪에 빠진다면…. 형제를 넘어지게 하는 일은 하지 않는 것이 원리입니다.

이 과정을 통해 깨닫게 된 진리를 당신의 삶에 적용하기 위한 구체적인 계획이나 실천사항에 대해 한 문장으로 기록하십시오.
　지금까지 성경 속 이야기의 원리들을 실생활에 적용하는 방법에 관해 이야기를 나누었습니다. 원리를 발견한 후에는 그 진리를 적용하기 위해 여러분이 취할 행동 혹은 계획을 하나의 문장으로 만들어 기록하십시오. "이 원리를 내 생활에 적용하기 위해서 나는 무엇을 해야 하는가?"

3) 적용은 주로 다음 세 가지 관계들 중 하나에 맞춰집니다.

성경을 삶에 적용하고자 할 때 이 세 가지의 관계들을 생각하십시오.

① 하나님과의 관계
② 나 자신과의 관계
③ 다른 사람들과의 관계

4) 좋은 적용의 4가지 기준은 무엇입니까?
① 좋은 적용은 개인적(personal)입니다.
② 좋은 적용은 실제적(practical)입니다.
③ 좋은 적용은 실천 가능(possible)한 것입니다.
④ 좋은 적용은 검증 가능(provable)한 것입니다.

> 참고 : 좋은 적용의 4가지 기준을 사용한 예
>
> "사람의 수고는 다 자기의 입을 위함이나 그 식욕은 채울 수 없느니라"(전 6:7)에서 우리는 "우리의 식욕을 자제할 필요가 있다"는 원리를 깨닫고, 개인적 적용을 "나는 체중조절이 필요하다"는 문장으로 정했다고 가정해 봅시다. 위의 4가지 기준으로 점검해 보겠습니다.
>
> 1. 개인적(personal)인가? - "나는" 경건의 시간 혹은 성경연구 중에 '앞으로 이렇게 하겠다'는 적용을 쓸 때 꼭 1인칭으로 쓰십시오. '부모님이, 내 아이들이, 남편이, 아내가'라고 쓰지 마십시오. 주어는 1인칭이어야 합니다.
> 2. 실제적(practical)인가? - "나는 체중조절이 필요하다."
> 3. 실천 가능한(possible) 일인가? - "나는 5킬로그램을 줄여야 한다." 실천 가능하지 않은 목표는 좌절감만 맛보게 합니다. '쉬지 말고 기도하라'라는 성구를 읽고 매일 매일 전 세계 모든 선교사들을 위해 기도하겠다고 결심하지 마십시오. 낙담

하게 됩니다. "매일 A선교사님을 위해 기도해야겠다"라고 쓰십시오.

4. 검증 가능한(provable) 일인가? – 목표일을 정하십시오. "이 달 30일까지 5킬로그램을 줄이겠다."
이제 개인적 적용문은 "나는 이달 30일까지 5킬로그램을 줄이겠다"가 되었습니다.

적용이 결정되었으면 종이 위에 한 문장으로 완성하십시오. 가능하면 친구에게 점검을 부탁하십시오. 적용이 제대로 이루어지고 있는지를 검증해 달라고 부탁하십시오.

인도자를 위한 팁

릭 워렌 목사가 인도하는 주일 아침 예배를 참석해 보면, 그의 설교의 주제 문구는 거의 대개 그 문장 속에 동사를 포함하고 있다는 것을 알게 된다. 릭 워렌 목사는 일어서서 이렇게 말한다. "지금부터 우리가 앞으로 실천에 옮길 다섯 가지를 말씀드리겠습니다." 이렇게 하는 데는 이유가 있다. 성경은 우리에게 듣기만 하는 자가 아니라 행동에 옮기는 실천가가 되라고 가르치기 때문이다. 예배와 성경공부에 참석해서 말씀을 듣기는 자주 하지만 "오늘 말씀과 관련해서 내가 해야 할 일은 무엇인가?"라는 질문과 함께 집으로 돌아가는 일은 거의 없다. 그는 설교를 실천에 옮기는 실천가가 되어야 한다고 주장한다.

참고자료 : 〈목적이 이끄는 설교〉(새들백 설교 세미나, 국제제자훈련원)
새들백 교회 〈목적이 이끄는 설교〉(CRAFT식 설교) 세미나에서 "많은 목회자들은 성도들이 하나님의 말씀을 들여다보게는 하지만 기억하고 행할 수 있는 방식이나 스타일로 설교하지 않는다"라고 지적하고 있다.

"너희가 이것을 알고 행하면 복이 있으리라"(요 13:17).

축복을 원하십니까? 이제 그 조건이 무엇인지 아실 것입니다. 오늘부터 여섯 가지 방법을 모두 실천하십시오. 그리고 축복을 받으십시오.

> **인도자를 위한 팁**
>
> 지금까지 말씀을 내 것으로 만드는 여섯 가지 방법을 살펴보았다. 지금부터는 경건의 시간을 가질 때 필요한 구체적인 자세와 구체적인 실행방법을 설명할 것이다.

IV. 매일 경건의 시간을 갖는 방법

"너는 기도할 때에 네 골방에 들어가 문을 닫고 은밀한 중에 계신 네 아버지께 기도하라 은밀한 중에 보시는 네 아버지께서 갚으시리라"(마 6:6).

여러분 각자가 매일 하나님과의 시간을 가지는 목표는 "그리스도에 대해" 공부하는 것이 아니라, 그분과 함께 실제로 "시간을 보내는 것"입니다.

1. 매일 경건의 시간을 가지려면 어떻게 시작해야 합니까?

우리는 매일 경건의 시간을 가지는 것이 꼭 필요하다고 깨달았습니다. 경건의 시간에 대한 동기를 가졌다면, 이제는 구체적으로 어떻게 시작하는지를 설명해 드리겠습니다.

1) 올바른 태도를 가지고 시작하십시오.

우선 올바른 태도를 가지는 것이 중요합니다. 하나님은 우리가 무엇을 하느냐 보다는, 그 일에 대한 우리의 동기를 중요하게 생각하십니

다. 우리는 얼마든지 옳은 일을 잘못된 태도로 할 수 있습니다. 우리는 다음과 같은 태도를 가져야 합니다.

① 경외

하나님을 대할 때는 경외하는 마음을 가져야 합니다. 시편 46:10은 다음과 같이 말씀합니다.

"너희는 가만히 있어 내가 하나님 됨을 알지어다"(시 46:10).

마음을 준비하십시오. 하나님의 임재 앞에 나아가는 것은 야구 경기를 보러 가는 마음과는 달라야 합니다. 경외심을 가지십시오. 하나님 앞에서 서두르지 마십시오. 그분 앞에서 침묵하면서 그 고요함이 세상의 생각을 지워버리게 함으로 마음을 준비하십시오.

② 기대하는 마음
"내 눈을 열어 주의 법에서 놀라운 진리를 보게 하소서"
(시 119:18, 현대).

시편기자는 이와 같이 노래했습니다. 기대감과 갈망하는 태도로 하나님 앞에 나아가십시오. 그분과 좋은 교제의 시간을 갖고 그 시간에 은혜 받을 것을 기대하십시오. 예를 들어 이렇게 기도하십시오. "하나님, 오늘 제게 들려주실 말씀을 기다립니다. 기대합니다. 하나님과의 만남을 사모합니다. 성경 가운데 제게 들려주실 그 말씀을 사모합니다."

③ 기꺼이 순종하겠다는 마음
"하나님의 뜻을 따르려는 사람은 누구든지, 이 가르침이 하나님에게서 난 것인지, 내가 내 마음대로 말하는 것인지를 알 것이다"
(요 7:17, 새번역).

경건의 시간은 내가 무엇을 할지 혹은 하지 않을지를 선택하는 시간이 아닙니다. 하나님이 내게 원하시는 것은 무엇이든 다 행하겠다는 태도로 시작하는 시간입니다. 먼저 "예"라고 말하십시오. "하나님, 아직 성경을 펼치지도 않았지만 오늘 하나님께서 저에게 무엇을 말씀하시든지 저는 그 일에 순종하겠습니다. 하나님께서는 아직 아무 말씀도 하지 않으셨지만 저는 벌써 앞서서 "예"라고 대답하고 있습니다."

2) 구체적인 시간을 선택하십시오.

① 가장 좋은 시간은 내 정신이 가장 맑을 때입니다.

경건의 시간을 가질 수 있는 가장 좋은 때가 언제입니까? 우리의 몸과 마음이 가장 좋은 컨디션을 가지고 있을 때가 가장 좋은 시간입니다. 이것은 중요한 원칙입니다. 하루 중 최고로 좋은 부분을 하나님께 드리는 것이 마땅합니다. 남는 시간으로 하나님을 섬길 수는 없습니다. 머리가 최고로 맑은 시간, 그 시간을 하나님께 드리십시오. 대부분의 경우는 이른 아침이 가장 좋습니다.

일단 시간을 정하면 그 시간을 '지속적으로' 지키십시오.

② 왜 경건의 시간으로 이른 아침 시간이 좋습니까?

여러분이 이른 아침, 즉 새벽 시간을 경건의 시간으로 고려해 볼 만한 몇 가지 이유를 말씀드리겠습니다.

- 성경 인물들의 모범 때문입니다.
  (아브라함, 야곱, 모세, 한나, 욥, 히스기야, 다윗, 다니엘, 예수님 등)

> **참고**
> 아브라함(창 19:27), 욥(욥 1:5), 야곱(창 28:18), 모세(출 34:4), 한나와 엘가나(삼상 1:19), 다윗(시 5:3, 57:7-8)
> 시편 90:14, 119:147, 143:8; 이사야 26:9; 에스겔 12:8 등을 참고하라.

예수님도 습관적으로 아침 일찍 일어나셔서 밖으로 나가 아버지 되신 하나님과 만나셨습니다.

- 매일 '경건의 시간'과 함께 하루를 시작하는 것이 논리적이기 때문입니다.

의사들은 하루 세 끼 식사 가운데 아침 식사가 가장 중요하다고 말합니다. 아침 식사는 종종 우리가 하루 동안 사용할 에너지의 양, 상태, 그리고 그날의 기분까지도 결정합니다. 마찬가지로 우리가 하루를 올바로 시작하기 위해서는 '영혼의 아침식사'가 필요합니다.

- "악기를 조율할 최상의 시간은 당신이 음악회에서 연주하기 직전이지 연주한 후가 아닙니다!"

허드슨 테일러의 말입니다. 경건의 시간을 통해 에베소서 6장의 영적 갑옷을 입고 전쟁에 나설 준비를 갖추는데, 어떤 사람들은 그 갑옷을 입고 침대로 올라간다면 우스운 일이 될 것입니다.

- 첫 아침을 주님께 드리는 것은 나의 삶에서 하나님과의 만남을 최우선으로 여긴다는 것을 보여 주기 때문입니다.

하나님을 만나는 일을 하루의 여러 일들 중 가장 중요한 일로 생각하십니까? 그 생각을 하나님께 증명해 보이고 싶으십니까? 하루의 첫 시간을 드리십시오. 그리고 이렇게 말하십시오. "하나님, 저의 첫 시간을 하나님께 드립니다. 하나님은 제 삶에서 가장 중요한 분입니다"라고 말입니다. 또한 아침 시간은 마음이 가장 맑고, 가장 잘 쉰 시간이며, 가장 조용한 시간입니다. 그리고 아침에 경건의 시간을 가지지 못하면 그날은 경건의 시간을 갖지 못한 채 그냥 지나가 버린다는 것을 많은 사람들이 경험합니다. 하루를 열심히 달리기 위해 자동차의 엔진을 예열하듯이 아침에 하나님을 만나는 것이 좋습니다.

인도자를 위한 팁

새벽기도 문화가 잘 갖추어져 있는 대부분의 한국 교회에서는 이 부분을 다루면서 새벽기도 참여를 권유할 수 있다. 혼자서는 힘들어도 공동체와 함께하면 쉽게 습관화할 수 있음을 설명하라.

만일 예수님이 내일 새벽 네 시에 도심 중앙의 고급 레스토랑에서 여러분들을 만나기로 했다면 여러분들은 아마도 오늘 밤 주무시지도 않고 밤새도록 미용실이나 이발소를 가고, 목욕을 두세 번 하고, 새 옷을 사고, 그리고 그곳에 한 시간 일찍 도착해 있을 겁니다. 그런데 네 시에 일어나지 않아도 됩니다. 그 레스토랑에 가실 필요도 없습니다. 내일 아침 예수님은 집에 있는 거실 소파 어느 곳이든지 여러분이 선택한 곳에서 당신을 홀로 만나주실 것입니다. 그분은 여러분을 만나기 원하십니다. 하나님과의 데이트 시간, 꼭 지키십시오.

데이트에서 바람맞은 경험이 있으십니까? 유쾌한 경험이 아닙니다. 예수님 역시 우두커니 혼자 서 있기를 좋아하시지 않습니다. 예수님을 바람맞히지 마십시오.

참고도서 :
『내 마음 그리스도의 집』로버트 멍어 저, IVP

③ 매일 '경건의 시간'은 어느 정도가 적당합니까?

- 처음에는 15분으로 시작하여 점점 더 늘이십시오.

누구든지 15분의 시간은 낼 수 있습니다. 처음부터 '하루에 두 시간'으로 결심하지 마십시오. 첫날에는 두 시간, 둘째 날에는 한 시간, 셋째 날에는 시간이 없어 하지 못하게 됩니다. '일주일에 한 번 한 시간'보다는 '매일 15분'이 더 좋습니다. 15분으로 시작해서 점차 시간을 늘려 가십시오. 일단 시작해 보면 15분이 긴 시간이 아님을 아시게 됩니다. 하나님과의 15분, 그 시간을 가지기 전에는 잠자리에 들지 마십시오.

- 가급적 시계를 보지 마세요.

어떤 일보다도 경건의 시간을 가장 크게 방해하는 일이 시계를 보는 행동입니다. 그렇게 해서는 하나님과의 교제 속에서 많은 것을 얻을 수가 없습니다.

- 양이 아니라 질이 중요합니다.

얼마나 오랫동안 하느냐 보다는 그 시간 동안 무엇을 하느냐가 더 중요합니다.

3) 특별한 장소를 선택하십시오.

"예수께서 나가사 습관을 따라 감람 산에 가시매 제자들도 따라갔더니"(눅 22:39).

습관을 따라 감람산에 가셨다는 것에 주목하십시오. 감람산은 예수님이 늘 하나님을 만나는 특별한 장소였습니다. 여기에 중요한 포인트가 있습니다. 그것은 고독입니다. 홀로 있을 수 있는 장소가 필요합니다.

여러분의 '라이프 스타일'을 고려해서 창조력을 발휘하십시오. 어떤 분은 조금 일찍 출근해서 자동차 속에서 15분 동안 경건의 시간을 가진 후 사무실로 가는 분이 계십니다. 어떤 분은 뒤뜰에서, 또 다른 분은 공원에서 경건의 시간을 갖습니다.

특별한 장소를 선택하십시오. 그곳에서 보내는 시간이 많아질수록 그 장소는 보다 특별한 곳으로 바뀔 것입니다. 예를 들어 특별한 탁자와 의자를 준비해서 그곳에서 매일 성경을 읽는다면 그 탁자와 의자는 당신에게 매우 특별한 물건들로 바뀌게 될 것입니다.

> **인도자를 위한 팁 / 장소를 선택할 때 고려할 사항**
> – 다른 사람을 방해하지 않고서 소리 내어 기도할 수 있는 곳.
> – 책을 읽기에 충분한 조명과 책상이 있는 곳.
> – 편안한 곳(그러나 잠자리에서 하는 것은 좋지 않다).

중요한 요소 :
"새벽 아직도 밝기 전에 예수께서 일어나 나가 한적한 곳으로 가사 거기서 기도하시더니"(막 1:35).

4) 필요한 자료들을 준비하십시오.

① 성경 : 읽기 쉬운 성경

읽기에 편한 활자로 된 성경을 준비하십시오. 지갑 속에 가지고 다닐 만한 사이즈의 성경도 있지만 경건의 시간에 쓰기에는 별로 적당하지 않습니다. 아침 일찍 일어나서 읽기 쉬우려면 활자가 좀 큰 것이 좋습니다.

② 노트 : 주님께서 내게 말씀하시는 것들과 기도제목을 적습니다.

주님께서 말씀하시는 것을 기록할 노트가 필요합니다.

③ 찬양집 : 찬양 부르기 원한다면 준비하세요.

찬양은 하나님만이 그 예배를 받으시기에 합당하다는 것을 인정하는 고백입니다. 여러분은 하나님께서 날마다 베푸신 것들을 보며 찬양하고 싶으실 것입니다. 그리고 어떤 묵상의 시간이든 하나님께 감사할 것들을 몇 가지 이상 꼭 생각하고 찬양하십시오. 찬송가 혹은 찬양집이 도움이 됩니다. 그저 찬양만 드리고 싶은 날도 있습니다. 그때를 위해 준비하십시오.

> "그리스도의 말씀이 너희 속에 풍성히 거하여 모든 지혜로 피차 가르치며 권면하고 시와 찬송과 신령한 노래를 부르며 감사하는 마음으로 하나님을 찬양하고"(골 3:16).

5) 단순한 계획을 세워 지키십시오(아래의 예 참조).

2. 15분간 경건의 시간을 가진다면 어떻게 하면 좋습니까?

경건의 시간은 복잡하게 만들지 말아야 합니다. 짧은 시간이기 때문에, 단순하더라도 계획을 세워서 지키는 것이 좋습니다.

1) 하나님을 기다리십시오(1분).

침착하게 조용히 계십시오! 서두르지 마세요. 경건의 시간을 시작할 마음의 준비를 하십시오. 숨을 몇 번 깊이 들이마시고 내쉬면서 하나님을 기다리십시오.

고요히 마음을 정리하십시오. 세 번 혹은, 네 번에 걸쳐 숨을 깊게 쉬어 호흡을 가다듬으십시오. 특히 새벽 시간에는 잠에서 막 깨어났기 때문에 이 시간을 너무 길게 끌지 않는 것이 좋습니다. 침대로 돌아가고 싶은 유혹을 경계하기 위해서입니다.

2) 말씀을 읽으십시오(4분).

① 성경말씀을 붙잡는 방법에서 "하나님의 말씀을 읽으십시오" (p.41) 부분을 참고하십시오.

성경본문을 읽으십시오. 4분 정도 그저 읽기만 하십시오. 참가자용 교재에 나와 있는 "하나님의 말씀을 읽으십시오" 부분(41페이지)을 참고 하십시오. 체계적으로, 큰소리로, 메모나 주석이 없는 현대어 성경을 읽으십시오.

② 전날 읽은 다음부터 읽으십시오. 하나님께서 내게 무엇을 말씀 하신다고 느낄 때까지 읽으십시오. 하나님께서 주시는 말씀이 있 으면 읽기를 중단하고 그 말씀에 대해 생각하십시오.

어제 읽던 부분에 이어서 계속 읽어 나가십시오. 하나님께서 무엇인가 를 가르쳐 주셨다고 느낄 때까지 읽으십시오.
   21장에서 아무 말씀도 하지 않으시면 22장으로 넘어갑니다. 아홉 장이나 여덟 장을 읽는 날도 있을 수 있습니다. 그건 상관없습니다. 얼마나 많이 읽느냐는 중요한 문제가 아닙니다. 중요한 것은 '하나님 께서 나에게 무엇을 말씀하시는가'의 문제입니다. 하나님의 음성이 들리면 읽기를 중단하고 그 말씀을 묵상하십시오.

3) 읽은 말씀을 묵상하십시오(4분).

① 성경말씀을 붙잡는 방법에서 "하나님의 말씀을 묵상하십시오" (p.50) 부분을 참고하십시오.
② "S.P.A.C.E.P.E.T.S. 방법"(p.52)이나 "어떻게 성경말씀을 묵상합 니까?"(p.51) 가운데 어느 것이든 사용할 수 있습니다.
③ 말씀이 나의 삶에 무슨 의미가 있는지 생각해 보십시오. 생각나 는 것들을 기록하십시오.
④ 내게 특별한 의미로 다가오는 구절을 "암기"하면 좋습니다.

46페이지의 "하나님의 말씀을 암송하십시오" 부분을 참고하시기 바랍니다.

4) 기록하십시오(2분).

① 성경말씀을 붙잡는 방법에서 "하나님의 말씀을 적용하십시오" (p.53) 부분을 참고하십시오.
② 실제적이고 실천 가능하며 측정 가능한 개인적인 적용문을 기록하십시오.
③ "우리의 생각은 우리의 입술로 표현되고, 손가락을 사용해 기록할 때 술술 풀려나옵니다."

네비게이토 선교회의 창시자인 도슨 트로트맨(Dawson Trotman)은 "생각은 입과 손가락을 통과할 때 그 실체를 확립한다"라고 말했습니다. 다른 말로 바꾸어 말하자면, 말로 옮길 수 없고 글로 쓸 수 없다면 그것은 정말로 깊이 생각하지 않았다는 것입니다. 이 성구에 관해서 글로 옮길 수 있는 생각이 있다면 그 문장을 충분히 묵상한 것입니다. 이제 말씀의 실천가가 될 것입니다.

5) 기도드리십시오(4분).

① 하나님께서 깨닫게 해주신 것과 당신이 기록한 적용을 가지고 하나님께 기도드리는 시간을 가지십시오.
② "기도—하나님과의 대화"(p.32)에서 소개해드린 순서를 따라 기도드리십시오.

3. 매일 경건의 시간을 갖는 데 방해되는 것은 어떤 것들입니까?

정기적으로 경건의 시간을 열심히 갖고 있더라도 반드시 여러 가지 문제와 어려운 일들을 만나게 됩니다. 사탄이 성도들이 주님과 매일 만나는 것을 방해하려고 필사적으로 애쓰기 때문입니다. 경건의 시간을 갖는 성도는 사탄이 다스리는 어둠의 왕국에 위험한 존재라는 것을 그들은 알고 있습니다. 경건의 시간을 방해하는 것들 가운데 대표적인 4가지 문제를 말씀드리겠습니다.

1) <u>훈련</u>의 문제

① 내가 매일 경건의 시간을 가지려 할 때 처음 만나는 문제는 매일 아침 일어나면서 겪게 되는 문제입니다. "좀 더 잘까? 일어날까?"(이른바, "이불과의 전쟁")

> **새들백 예화 :**
> 빌리 행크스가 언젠가 경건의 시간을 가지지 않은 데 대해 하나님께 변명하는 한 젊은이의 이야기를 릭 워렌에게 들려주었다.
> "하나님, 정말 죄송합니다. 저도 오늘 아침에 정말로 하나님 뵙고 싶었어요. 그런데 일이 생겼답니다"
> "그래, 내가 알지. 나도 봤단다. 그 물건의 이름은 담요지?"

경건의 시간을 방해하는 가장 큰 문제는 아침에 눈을 뜨는 바로 그 순간에 있습니다. 여러분은 "잠자리에서 일어나야 하나, 좀 더 자야 하나"라고 스스로 묻게 됩니다. 아마도 여러분이 직면하게 되는 가장 어렵고 대표적인 문제일 것입니다. 이 문제를 극복하기 위해 몇 가지 요령을 설명하겠습니다.

② 문제 해결을 위한 몇 가지 제안
 - 정해진 시간에 잠자리에 드십시오.

늦게까지 깨어 있으면 아침에 일찍 일어나기 어렵습니다. 몇 가지 이유 때문에 일찍 잠자리에 들기를 꺼리는 분들이 있습니다. 어린시절에 부모님 때문에 늦게까지 자지 않았던 습관 때문인지도 모릅니다.

> **새들백 예화 :**
> 도슨 트로트맨은 "밤 열 시에 하고 있는 그 일이 경건의 시간보다 더 중요한 일이라면 자지 않고 그 일을 계속하겠다. 그러나 그렇지 않다면 잠자리에 들겠다"고 말했습니다.
> 그는 손님이 있을 때도 자리에서 일어나 잡지를 나누어 주며 "죄송합니다. 저는 그만 물러가겠습니다. 내일 아침에 하나님과 만나기로 약속을 했기 때문에 이제 그만 쉬어야겠습니다. 솔직히 말씀드리면 하나님과의 약속 시간이 제 삶에서 가장 중요한 시간이기 때문입니다"라고 말하며 사라지는 것으로 유명한 사람입니다.

- 즉시 일어나십시오.

싸움에서 이기느냐 지느냐는 처음 몇 초 안에 결정납니다. 지체는 패배를 부릅니다. 어느 유명한 분이 "경건의 시간에 실패 없이 일어나는 문제에 관해 하나님께 기도드립니까?"라는 질문에 "아니요, 저는 그냥 일어나 버립니다"라고 대답했다는 이야기가 있습니다. 그 문제로 기도하겠다면 그 전날 밤에 하십시오. 일어날 것인가 말 것인가의 문제는 내일 아침에 결정할 문제가 아닙니다. 내일 아침에는 악마가 "일어나지 마"라고 속삭이기 때문입니다.

- 매일 경건의 시간을 빼앗아가는 "도둑들"을 미리 조심하세요.

경건의 시간을 갖지 못하도록 방해하는 온갖 것들을 경계하십시오. 특히 전날 밤을 조심하십시오. 경건의 시간을 뺏는 도둑들 중 대표적인 것으로는 비디오와 텔레비전과 같은 영상물들이 있습니다. 또 다른 도둑이 있다면 그것은 "경건의 시간이 좋기는 하지만 꼭 필요한 것은 아니다"라고 생각하는 마음입니다. 그러한 도둑들과 싸워서 이기기 위해서는 경건의 시간을 최우선 순위로 삼아야 합니다.

- 영적인 생각을 하면서 잠자리에 드십시오.

노래를 흥얼거리다 잠이 들었는데 다음 날 아침까지 그 노래가 마음속에 남아 있는 경험이 있으십니까? 영적인 것을 생각하면서 잠을 청하십시오. 여덟 시간 동안 그분과 교제하게 됩니다. "하나님, 내일 아침에 만나요" 혹은, "하나님, 내일 잠자리에서 깨어났을 때 처음으로 하나님을 생각할 수 있게 해 주세요"라고 기도하고 잠자리에 드십시오. 그리고 영적인 생각을 하는 좋은 방법은 성경구절을 머릿속으로 외우면서 잠자리에 드는 것입니다.

2) 정신집중의 문제

① 사탄은 어떤 수단과 방법을 동원해서라도 매일 경건의 시간을 가질 때 내 생각이 집중되지 못하도록 방해할 것입니다.

'이불과의 전쟁'에서 승리한다면 사탄은 여러 가지로 주의를 분산시켜서 여러분을 공격할 것입니다. 그렇다면 '두뇌와의 전쟁'을 할 때입니다. 여러분의 머릿속은 경건의 시간 동안 온갖 것들로 혼란에 빠지게 될 것입니다. 다른 사람들과의 갈등, 걱정거리 등 수많은 것들로 인해 방해를 받을 수도 있습니다. 이 문제를 해결하기 위해 몇 가지 제안을 하겠습니다.

② 문제 해결을 위한 몇 가지 제안
  - 잠자리에서 일어나 바깥으로 나오세요.

침대에서는 절대로 경건의 시간을 갖지 마십시오. 성경을 가슴 위에 올려놓은 채로 누워 있다가 '한 시간 뒤에 일어나야지.' 이 얼마나 영적인 행위입니까? 그러나 성경은 그런 식으로 마음속으로 들어가지 않습니다. 성경은 눈으로 읽어야 하는 책입니다.

  - 완전히 잠에서 깨도록 하세요.

아침에 눈을 뜨면 찬물로 세수를 하거나 상쾌한 공기를 마시는 등 잠에서 완전히 깨어나야 합니다.

- 소리 내어서 말씀을 읽고 기도드리세요.

집중하는 데 도움이 됩니다.

- 기도드릴 때 걸어 다니면서 기도하세요.

걷는 중에 잠이 드는 일은 없습니다. 예수님도 걸으시면서 가르치시고 기도하셨습니다. 이렇게 해서 한 번에 두 마리의 토끼를 잡을 수 있습니다. 육체와 영혼이 동시에 건강해지는 효과를 얻는 것입니다. 앉아서 성경을 읽고 적용 문구를 작성하십시오. 그 후에 암송카드를 들고 산책하러 가십시오. 산책하면서 기도로 마무리하십시오.

- 주위에 기록할 노트를 준비해 두세요.

기도 중에 갑작스럽게 잊어버려서는 안 될 어떤 일이 기억나 메모지를 찾으러 간 일이 있습니까? 사탄은 우리의 기도를 방해하기 위하여 온갖 종류의 것들을 기억나게 합니다. 기도 중에 무엇인가를 글로 쓰면 안 된다는 법칙은 어디에도 없습니다.

3) <u>메마름(건조함)</u>의 문제

① 때로 매일 경건의 시간을 통해 아무것도 얻지 못한다고 느낄 수도 있습니다.

경건의 시간을 시작하는 사람들이 흔히 겪는 또 다른 문제는, 경건의 시간이 별 소용이 없는 것처럼 보인다는 것입니다. '이불과의 전쟁', '두뇌와의 전쟁'에서 이기더라도 이 '기분과의 전쟁'이 여러분을 기다릴 것입니다. 하고 싶을 때만 경건의 시간을 갖는다면 사탄은 반드시 여러분에게 경건의 시간을 갖고 싶은 마음이 들지 않도록 노력할 것입니다.

② 절대 나의 기분으로 매일 경건의 시간을 평가하지 마십시오.

경건의 시간을 기분으로 판단해서는 안 됩니다. 감정을 믿지 마십시오. 감정은 늘 변하는 것입니다 느낌을 따르지 마십시오. 사탄은 항상 그 느낌을 조종합니다. 경건의 시간을 하고 싶지 않은 기분이 드는 그때가 사실은 정말로 경건의 시간이 필요한 때입니다. 어떤 날은 다소 단조로울 수도 있고, 어떤 날은 마치 하늘이 열리고 천군천사에게 둘러싸여 있는 것처럼 느낄 수도 있습니다. 매일 엄청나고 영광스러운 일들을 '체험'할 것이라는 생각을 우선 버려야 합니다.

③ 영적 메마름의 원인은 무엇입니까?
 - 내 몸의 컨디션

충분한 휴식을 취하지 못해 피곤할 수 있습니다. 때에 따라서는 할 수 있는 최선의 일이 침대로 가서 자는 일일 수도 있습니다. 셰익스피어는 "치통을 참으면서 철학을 한다는 것은 참으로 어려운 일이다"라고 말한 적이 있습니다. 육체가 피곤할 때에는 영적 전율을 갖기가 사실 힘듭니다.

 - 하나님을 향한 불순종

하나님은 우리에게 보여 주신 것에 대해 우리가 행동을 취하지 않으면 더 이상 새로운 것을 보여 주시지 않습니다. "어제 말해 준 것을 생활에 적용하지 않았지? 오늘은 새로운 통찰력을 더 많이 줄게"라고 말씀하시는 분이 결코 아닙니다. 만일 여러분이 하나님께서 석 달 전에 무언가를 보여 주셨는데 아직도 그것과 싸우고 있다면 당신이 그것을 해결하기 전까지는 다음 것을 보여 주지 않을 것입니다.

- 서둘러 갖는 경건의 시간

"서둘러서 하는 기도, 그것은 죽은 기도다." 이것은 영국의 위대한 감리교 설교가인 사무엘 채드윅(Samuel Chadwick, 1840-1932)의 말입니다. 경건의 시간도 마찬가지입니다. 시계를 보며 경건의 시간을 서두르는 일은 주님과 함께하는 귀한 시간을 망칠 뿐입니다.

- 형식과 타성에 젖어 있는 경건의 시간

똑같은 시간에 똑같은 방식으로 똑같은 것을 반복하면 느낌을 잃어버립니다. 다양한 방법을 모색하십시오. 57페이지에서 '15분간의 경건의 시간'을 가지려고 할 때, 경건의 시간의 구성과 순서를 알려드리기는 했지만 항상 똑같이 하라고 권하지는 않습니다. 어떤 날은 암송만 하고, 또 어떤 날은 내내 찬양만 하고, 15분 내내 읽기만 할 수도 있습니다. 이렇게 하는 이유는 너무나 오랜 세월 동안 하기 때문에 하나님과의 만남이 틀에 박힌 어떤 것으로 변질될 것을 우려해서입니다.

- 말씀 묵상을 통해 깨달은 통찰력을 다른 사람들과 나누지 않는 것

하나님께서 공급해 주신 것을 이웃들에게 나누어 주지 않으면 당신은 영적으로 메말라질 위험이 있습니다. 이스라엘의 두 호수 이야기가 말씀 묵상이 왜 중요한지 잘 이해시켜 줄 것입니다.

이스라엘의 위쪽 지방에는 갈릴릴 호수가 있습니다. 호수의 물은 푸른빛을 띠며 고기들이 많이 살아 아직도 어부들이 와서 고기를 잡는 살아 있는 호수입니다. 이 호수로부터 요르단 강이 흘러나오고 그 강물은 사해로 흘러듭니다. 그런데 사해는 그 이름대로 죽은 바다입니다. 실제로 죽은 물만 가득 차 있습니다. 그 호수에는 소금 이외에는 아무것도 없습니다. 아무것도 살지 않습니다. 살아 있는 호수 갈릴리와 죽어 있는 물 사해의 차이점이 무엇입니까? 헤브

론산과 레바논 북쪽의 산들로부터 유입된 물을 갈릴리 호수는 다시 요르단 강으로 내보냅니다. 사해는 그저 물을 받아들이기만 할 뿐 물이 나가는 곳이 없습니다.

외부에서 물을 받기만 하고 밖으로 내보내지 않는 연못은 썩는 것이 자연의 이치입니다. 주시는 은혜를 누군가와 나누지 않고 당신 안에 가두어 두기만 한다면 당신은 사해처럼 되고 말 것입니다. 사실, 다른 이들에게 나누어 줄 때 더 많이 돌아오는 것이 기독교의 역설입니다. 경건의 시간의 깨달음을 다른 사람과 나누기 시작하면서 어떤 일이 일어나는지 경험해 보시기 바랍니다.

4) 불성실(끈기)의 문제

① 가장 어려운 문제는 '매일 경건의 시간'을 지속적으로 갖는 것입니다.

경건의 시간에서 가장 큰 문제는 어떻게 아침 일찍 일어나 경건의 시간을 빼먹지 않고 하느냐는 것입니다. 규칙적으로 경건의 시간을 갖는 것보다 어려운 것은 없습니다. 왜냐면 세상과 육신과 사탄이 여러분이 경건의 시간을 갖는 것을 방해하기 위해 힘을 합칠 것이기 때문입니다.

② 사탄은 내가 '매일 경건의 시간'을 갖지 못하도록 하는 것에 가장 큰 목표를 삼고 덤벼듭니다.

수십 년 동안 그리스도인으로 살아왔으며 직업이 전임 사역자, 목사임에도 불구하고 사탄이 가장 열심히 방해하는 일은 '경건의 시간'입니다. 어떤 다른 일보다도 사탄이 혹독히 방해하는 일은 '꾸준히 매일 매일 하나님을 만나는 일'입니다. 사탄은 경건의 시간이 갖는 능력을 알고 있기 때문입니다.

> "사탄의 관심 중 하나가 그리스도인들을 기도와 멀어지도록 하는 것이다. 그는 기도 없는 학문과 기도 없는 사역 그리고 기도 없는 종교를 두려워하지 않는다. 그는 우리의 수고를 비웃으며, 우리의 지혜를 조롱하지만, 우리가 기도할 때 전율한다."
> — 사무엘 채드윅(Samuel Chadwick, 1840-1932)

③ 문제 해결을 위한 몇 가지 제안
 - 하나님께 '매일 경건의 시간'을 지키기로 굳게 약속하십시오.

하루에 얼마간의 시간을 내어서 반드시 하나님과 시간을 보내겠다고 진지하게 약속을 하십시오. 먼저 그런 약속이 얼마나 진지한 것인지 깊이 생각해 보시고, 솔로몬의 경고를 마음에 두시기 바랍니다. "네가 하나님께 서원하였거든 갚기를 더디게 하지 말라 하나님은 우매한 자들을 기뻐하지 아니하시나니 서원한 것을 갚으라. 서원하고 갚지 아니하는 것보다 서원하지 아니하는 것이 더 나으니"(전 5:4-5). 다른 사람들이 서원하기 때문에 혹은 의무감이 아니라 오직 예수 그리스도가 당신과 만나기를 원하시기 때문에 그 일을 하시기 바랍니다.

 - 매일의 스케줄에 '경건의 시간'에 대한 계획을 적어 놓으세요.

'오늘의 할 일'을 달력이나 다이어리에 적어 두고, 경건의 시간이 언제나 1번에 있도록 해 보십시오. 병원에 가야 할 일이나 사업상 거래처와 만날 시간을 정하는 것과 같이 하십시오.

 - '매일 경건의 시간'을 지키지 못하게 하는 사탄의 변명들을 물리치세요.

당신에게서 말씀을 뺏는 것이 승리의 지름길인 것을 사탄은 너무나 잘 알고 있습니다. 한 번 빠뜨리는 것이 후퇴의 첫걸음입니다. 사탄은 온갖 종류의 핑계를 알려 줍니다. 아침에 눈을 떴는데 침상에 사탄이 보이질 않습니까? 사탄과 같은 방향으로 걷고 계시는군요. 사탄은 당신에게서 말씀을 뺏고자 온갖 수단을 다 동원합니다. 대비하십시오. 그와 맞서 싸울 전략을 준비하십시오.

- 자기 전에 다음날 읽을 성경말씀을 미리 펼쳐 놓으세요!

책상 위에 그냥 놓여 있는 성경보다는 '읽을 본문이 펴져 있는 성경'이 도움이 된다는 것을 알고 시작하는 것이 큰 도움이 될 것입니다.

④ 하루라도 못하게 되면 어떻게 하나요?

해서는 안 될 것이 세 가지 있습니다. 첫 번째로,

- 죄의식에 잡히지 않도록 하십시오.

"오늘 경건의 시간 빼먹었지?"하고 사탄이 속삭이면 "넌 한 번이라도 해본 적 있니?"라고 말해 주십시오. 사탄은 한 번도 하지 않았습니다. 그의 말은 무시하십시오. 그의 비난에 쓰러지면 안 됩니다. 두 번째로,

- 율법주의자가 되지 않도록 하십시오.

아침에 경건의 시간을 빼먹었다고 그날 하루가 어떻게 되지는 않습니다. 우리는 은총으로 살고 있습니다. 하나님께 말씀드리고 앞으로 나아가십시오. 그리고 마지막으로,

- 결코 포기하지 마십시오.

아침 한 끼를 걸렀다고 "세상에, 나는 너무 형편없는 사람이야. 이렇게 성실하지 못하다니. 앞으로는 절대로 밥을 먹지 않을 거야"라고

얘기하는 사람을 보셨습니까? 한 끼를 거르면 그다음 식사 때 조금 더 많이 먹지 않습니까? 한 번 실패했다고 그것 때문에 주저앉지 마십시오. "오늘 빠졌으니까 내일은 조금 더 많이 시간을 가져야지"라고 말하며 다시 시작하십시오.

⑤ 사람은 새로 시작한 어떤 일이 친숙해지는 데 3주가 걸립니다. 여기에 그 일이 편안한 습관이 될 때까지는 3주가 더 걸립니다!

심리학자들은 새로운 임무나 습관에 익숙해지려면 보통 3주가 걸리고, 완전히 몸에 배려면 다시 3주가 필요하다고 합니다. 많은 사람들이 경건의 시간을 성공적으로 갖지 못하는 이유는 이 6주간의 기간을 무사히 통과하지 못하기 때문입니다.

습관이란 실타래와 같습니다. 실타래를 떨어뜨리면 그때마다 실이 풀리기 마련입니다. 그러므로 '이 한 번만'이란 말을 절대 허용하지 않아야 합니다.

"우리가 선을 행하되 낙심하지 말지니 포기하지 아니하면 때가 이르매 거두리라"(갈 6:9).

5) 헌신의 기도

"하나님 아버지, 제가 아버지와 교제 나누도록 지음 받았다는 사실을 깨달았습니다. 예수님의 죽으심을 통해 하나님과 교제할 수 있는 특권을 주셔서 감사드립니다. 매일 하나님과 함께하는 교제의 시간이 저의 삶 가운데서 가장 중요함을 인정하고 고백합니다. 지금부터 일정한 시간을 정해서 날마다 성경을 읽고 기도드리며 "매일 경건의 시간"을 가지기로 헌신합니다. 제가 이 습관을 지속적으로 키워 나갈 수 있도록 도우시고 힘주시옵소서. 예수님의 이름으로 기도 드립니다. 아멘."

이름 _____ 날짜 _____ 년 _____ 월 _____ 일

지금까지 우리는 201과정의 핵심인 세 가지 습관 즉, 하나님의 가족으로서 즐기는 소그룹 '교제', 하나님을 높여 드리는 정기적인 십일조 '헌금', 성경말씀과 기도를 통해 매일 '경건의 시간'이라는 세 가지 습관에 대해서 공부했습니다. 이제 마지막으로 이 세 가지 습관을 시작하고 유지하는 방법에 대해서 알아보겠습니다.

교재 62페이지를 보시기 바랍니다.

새로운 습관을 어떻게 시작하고 유지할 수 있습니까?
영적 성숙을 위한 세 가지 습관을 시작하고 유지하는 방법

"하나님이 우리에게 주신 것은 두려워하는 마음이 아니요 오직 능력과 사랑과 절제하는 마음이니"(딤후 1:7).

1. 결심(Decision)하십시오.

지금 바로 시작하세요. 기다리지 마세요. 나중으로 미루지 마세요. 새로운 습관이란 미룬다고 되는 것이 아닙니다. "어느 날엔가 되겠지"라고 방관한다면 결코 그날은 오지 않습니다. 일단 결심하고 출발하십시오. 오늘 나쁜 습관을 깨는 것이 내일로 미루는 것보다 더 쉽습니다!

"바람이 분다고 기다리면 씨를 뿌리지 못할 것이며 구름이 끼었다고 기다리면 추수하지 못할 것이다"(전 11:4, 현대).

2. 공개 선언(Declaration)하십시오.

새로운 습관들을 시작하려는 당신의 결심을 다른 사람들에게 공개적으로 밝히십시오. 공개적으로 약속하고 결심하세요. 공개적인 서약은 놀라운 힘을 발휘합니다. 당신이 새로운 습관에 대한 헌신을 글로 표현한다면 그 약속을 지키는 추진력은 더욱 능력 있게 드러날 것입니다.

오늘 여러분이 습관에 헌신하겠다는 '나의 성숙 서약서'를 작성하시길 권면합니다.

"너희는 주 하나님께 서원하고, 그 서원을 지켜라"(시 76:11, 새번역).

3. 확정(Determination)하십시오.

새로운 습관이 당신의 삶에 확실하게 뿌리 내리기까지는 한 번의 예외도 결코 허용해서는 안 됩니다. 한 번 예외를 허용하는 것이 결정적 타격이 될 수 있습니다. 처음에 한 번 쉬는 것이 이후에 여러 번 해이하게 만드는 단초가 됩니다. 시작 단계에서 지속적으로 매진하는 것은 새로운 습관을 들이는 과정의 핵심입니다. '딱 한 번만…'이라는 생각의 유혹에 흔들리지 않도록 하세요. 이런 식의 양보는 새로운 습관을 들이는 데 대한 의지를 약하게 만들고 자기 통제에 실패하게 합니다.

새로운 습관이 편안하게 느껴지려면 3주간이 걸리며, 그것이 당신의 삶의 자연스런 한 부분이 되기까지는 또 다른 3-4주간이 필요합니다.

새로운 무엇을 배우기 위해서는 7번에서 21번의 반복이 필요합니다.

4. 지원(Double up)을 받으십시오.

당신을 지원하고 격려해 줄 파트너를 구하십시오. 당신에 대해 기꺼이 책임을 져주는 사람, 특별히 당신의 삶 가운데 새로운 습관이 확실하게 뿌리내리기까지 당신이 잘하고 있는지를 검토하고 확인해 줄 사람을 찾으십시오.

"서로 격려하여 사랑과 선한 일을 위해 힘쓰도록 하십시오"(히 10:24, 현대).

"두 사람이 한 사람보다 나음은 그들이 수고함으로 좋은 상을 얻을 것임이라 혹시 그들이 넘어지면 하나가 그 동무를 붙들어 일으키려니와 홀로 있어 넘어지고 붙들어 일으킬 자가 없는 자에게는 화가 있으리라"(전 4:9-10).

5. 하나님을 의지(Depend on God)하십시오.

새로운 습관이 체질화되도록 돕는 하나님의 능력을 믿으십시오. 사탄은 당신이 영적으로 성숙하게 되고 또 그리스도를 닮아 가도록 습관들이는 것을 원치 않기 때문에, 할 수 있는 한 모든 힘을 다해 당신을 유혹하고, 미끄러지게 하고, 실망시키려 할 것입니다. 따라서 강력하게 기도드리며 나가십시오!

"너희 안에서 행하시는 이는 하나님이시니 자기의 기쁘신 뜻을 위하여 너희에게 소원을 두고 행하게 하시나니"(빌 2:13).

201과정 초반에 말씀드린 것을 기억하시기 바랍니다. 이 과정의 목적은 여러분의 영적 성숙을 위해 필요한 습관들을 시작하게 하는 것이었습니다. 우리가 오늘 이야기한 습관들은 바로 지금 여러분들에게 유익할 뿐 아니라 영원의 상급을 가져다 줄 것입니다.

> **인도자를 위한 팁**
>
> '나의 성숙 서약' 카드에 참가자들이 서명을 하게 하라. 뒷면에 이름과 주소를 기록하라. 그리고 참가자들이 서약서를 기록해서 제출하면 다음과 같은 후속조치가 필요하다.

1. 담임목사도 그 서약서에 사인을 하고 참가자의 헌신을 위해 기도해야 한다.

2. 참가자가 가지고 다니면서 자신의 서약을 상기할 수 있도록 그 서약서를 코팅해서 돌려주어야 한다.
   (서명한 '나의 성숙 서약서'를 제출하면, 담임목사가 서명하고 코팅한 후에 다시 되돌려 주어야 한다. 항상 휴대하고 다닐 수 있도록 서약서 형식을 명함 크기로 만들면 좋다.)

나의 성숙 서약

- 소그룹 모임(히 10:25) : 소그룹에서 다른 신자들과 교제한다.
- 매주 십일조(고전 16:2) : 수입의 1/10을 드린다.
- 매일의 경건의 시간(막 1:35) : 개인적으로 말씀을 읽고 기도한다.

사인 _____ 목사 _____

망령되고 허탄한 신화를 버리고 경건에 이르도록 네 자신을 연단하라 육체의 연단은 약간의 유익이 있으나 경건은 범사에 유익하니 금생과 내생에 약속이 있느니라(딤전 4:7-8).

이름: _____
주소: _____

3. 수료자와 기도 후원자를 연결한다. 기도 후원자는 한 해 동안 그 사람을 위해 기도한다.

    (이 일을 감당하는 사람은 201과정을 수료한 사람으로 해야 한다. 처음에는 교역자들이 감당해야 할 것이다.)

4. 정기적으로 영적 성장을 위한 자료 패키지를 이 서약을 한 모든 사람들에게 보낸다.

    (그 내용은 주로 수료자가 어떻게 더 풍성한 기도생활과 경건의 시간을 할 것인지 등에 대한 내용이다.)

여러분의 교회의 실정에 맞게 결정하라.

나의 성숙 서약

"나는 영적 성숙에 이르게 하는 3가지 새로운 습관을 키우는 데 나 자신을 헌신합니다."

☐ 하나님의 가족으로서 즐기는 소그룹 '교제'에 헌신합니다.
　_ 히브리서 10:25

☐ 하나님을 높여 드리는 정기적인 십일조 '헌금'을 드리기로 헌신합니다. _ 고린도전서 16:2

☐ 성경말씀과 기도를 통해 매일 '경건의 시간'을 갖기로 헌신합니다. _ 마가복음 1:35

"경건에 이르도록 네 자신을 연단하라"(딤전 4:7).

_____년 _____월 _____일　　신청자 : _____

이제 무엇을 해야 할까요?

"성숙 서약에 평생 헌신하십시오."

우리 교회의 예배에 참여하시고, 301, 401과정에 참여하여
신앙을 더욱 강하게 키워 나가십시오.

"이제 301과정을 향해 나가십시오!"

| 기도 |

하늘에 계신 아버지, 특별히 시간을 내어 이 자리에 참석한 분들로 인해 감사드립니다. 또한 우리에게 귀한 말씀을 주셔서 감사드립니다. 주님의 말씀은 얼마나 실제적이고 우리에게 합당한 말씀인지요! 이제 기도하옵기는 남은 생애 동안 우리의 영적 성장을 도울 습관들을 실천할 수 있도록 도와주옵소서. 우리의 시간과 돈과 관계들이 주님 손 안에 있을 때 그 삶이 진정으로 주님 손 안에 있게 된다는 것을 우리가 압니다. 오늘 밤 성숙 언약을 쓰신 분들로 인해 감사를 드립니다. 예수님 이름으로 기도합니다. 아멘.

인도자를 위한 팁

201과정을 마친 교인은 집과 가까운 거리에 있는 소그룹이나 취미 소그룹 모임에 참여할 수 있도록 안내해야 한다. 201과정에서 학습한 것을 실천할 수 있는 장이 있어야 하는 것이다. 301과정으로 바로 건너가기 전 참가자의 영적 성장 수준에 따라 선택과정으로 나갈 수도 있다. 아래의 선택과정을 참고하라. 현재 교회에서 진행되고 있는 다양한 영적 성숙에 관련된 프로그램을 선택과정으로 둘 수 있다.

선택과정	프로그램
202과정	성경대학(크로스웨이, 베델 등)
203과정	교리대학(목적이 이끄는 기독교 기본교리 등)
204과정	일대일 양육(두란노)

201과정 초청편지

○○○교회 가족인 ○○○ 교우님께

저는 ○○○호에서 ○일 ○일(오후 ○-○시) 주일에 시작하는 201과정에 귀하를 특별히 초청합니다. 아직 등록하실 시간이 조금 남아 있습니다. 이번 주일에 등록카드에 적어 주시거나 교회 사무실(○○○-○○○○)에 전화를 주시면 되는데, 편하신 방법으로 저희에게 알려 주십시오. 담당자인 ○○○에게 문의하시면 됩니다.

귀하는 101과정을 ○○○ 목사님과 함께 마치셨기에 이제 다음 단계로 가실 좋은 기회를 가지셨습니다(귀하는 ○주 전에 101반을 수료하셨고 지난달에 세례(침례)를 받으심으로 헌신을 표현하셨습니다). 저는 귀하가 이 반에서 하나님께 더 가까이 나아가고 성장하는 방법에 관해 배우는 것을 매우 좋아하실 것이라고 확신합니다. 201과정의 목표는 그리스도인의 삶에 있어 성장을 가져올 기본적인 몇 가지 습관들을 개발하도록 돕는 것에 있습니다.

귀하가 이 반을 참석할 준비가 되었는지를 어떻게 알 수 있을까요? 201과정은 ○○○교회 가족의 한 사람으로 헌신에 참여할 사람과 신자로서 자라기를 원하는 사람을 위한 반입니다. 최근 이 반을 수료한 몇몇 사람들의 소감을 소개해 드리는데, 이 과정이 귀하의 개인적 성장에 어떤 의미를 줄 수 있는지 잘 보여 줄 것이라고 생각합니다.

– (이전에 수료한 몇몇 성도들의 소감을 소개한다.)

우리는 귀하가 매일의 삶에서 필요한 성경의 진리들을 주목하고 있습니다. 새롭고 자연스럽게 하나님과 함께 대화하는 법, 지원과 격려를 돕기 위해 다른 신자들과의 관계를 개발하는 법 등이 있습니다.

저는 이 편지가 귀하에게 어떤 물건을 파는 편지처럼 보이지 않기를 바랍니다. 단지 귀하에게 제가 드릴 수 있는 최선의 격려를 드리고 귀하가 201과정에 참여하기를 기대하고 있습니다.

101과정에서처럼 식사를 제공하고 자녀를 돌봐드릴 것입니다. 다만 자녀들이 먹을 저녁 음식만 가지고 오시면 됩니다. 그럼, 거기서 뵙겠습니다.

따뜻한 마음을 전해 드리며
○○○ 목사 올림